重庆大学经济与工商管理学院
School of
Economics and Business Administration
Chongqing University

重庆大学经济管理文库

本书得到了教育部人文社会科学研究西部和边疆地区项目(项目批准号：13XJA790004)的资助。

民营企业中的国有资本关联效果研究

A RESEARCH ON POLITICAL CONNECTION OF STATE-OWNED CAPITAL IN PRIVATE ENTERPRISES

宋增基●著

图书在版编目（CIP）数据

民营企业中的国有资本关联效果研究/宋增基著. —北京：经济管理出版社，2015.5
ISBN 978-7-5096-3695-4

Ⅰ.①民… Ⅱ.①宋… Ⅲ.①民营企业—关系—国有资产—研究—中国 Ⅳ.①F279.245
②F123.7

中国版本图书馆 CIP 数据核字（2015）第 066108 号

组稿编辑：杨雅琳
责任编辑：胡 茜
责任印制：司东翔
责任校对：张 青

出版发行：经济管理出版社
（北京市海淀区北蜂窝 8 号中雅大厦 A 座 11 层 100038）
网 址：www. E-mp. com. cn
电 话：(010) 51915602
印 刷：三河市延风印装有限公司
经 销：新华书店
开 本：720mm×1000mm/16
印 张：12.25
字 数：179 千字
版 次：2015 年 8 月第 1 版 2015 年 8 月第 1 次印刷
书 号：ISBN 978-7-5096-3695-4
定 价：48.00 元

联系地址：北京阜外月坛北小街 2 号
电话：(010) 68022974 邮编：100836

《重庆大学经济管理文库》出版说明

《重庆大学经济管理文库》是重庆大学经济与工商管理学院和经济管理出版社组织出版的系列学术丛书。组织出版《重庆大学经济管理文库》，是重庆大学经济与工商管理学院进一步加强课题成果管理和学术成果出版的规范化、制度化建设的重要举措。

近年来，重庆大学经济与工商管理学院的广大教师和科研人员在社会主义市场经济、具有中国特色的管理理论等方面积极开展科学研究和实践探索工作，完成了大量的研究课题，推出了一批重要的研究成果，主要覆盖管理学和经济学门类的工商管理、管理科学与工程、应用经济学等学科。为了系统地总结和展示这些研究成果，从现在起，我们经过一定的评审程序，逐年从中选出一批通过各类别课题研究工作而完成的具有较高学术水平和一定代表性的著作，编入《重庆大学经济管理文库》出版。我们希望这将能够从一个侧面展示重庆大学经济与工商管理学院的科研状况和学术成就，同时，也为优秀学术成果的面世创造更好的条件。

重庆大学经济与工商管理学院

2012 年 11 月

《重庆大学经济管理文库》编委会

前　言

本书主要研究与企业政治关联的内在机理及作用效果，通过民营上市公司的数据，研究了民营企业建立政治关联的渠道和效果以及不同政治关联模式的差异和相互替代作用，分析了民营引入或保留国有股权对民营企业融资、进入高壁垒行业以及多元化投资等的作用。

本书研究的主要结论包括：

（1）公司高管的政治激励是有效的，潜在的晋升机会与公司的绩效之间存在微弱的正相关关系，高管的政治经历与民营上市公司绩效显著正相关，而政府干预不利于公司绩效；民营上市公司的绩效显著影响高管的政治晋升，且曾在政府部门任职的高管具有明显的政治晋升优势，政府对公司的干预阻碍了高管的晋升可能性。

（2）当地方产权保护越差，当地民营经济发展水平越落后及政府干预越大时，民营控股公司就越希望引入或保留国有股权，进而跟政府形成政治关联。

（3）引入或保留国有股权的民营控股公司比未引入或保留国有股权的企业获得更多的银行贷款及更长的贷款期限，而且企业引入或保留国有股权的行为与企业家参政在影响民营企业获得银行贷款方面存在替代关系。

（4）民营控股企业引入或保留国有股权的行为对企业进入高壁垒行业有显著影响。引入或保留国有股权的企业比未引入或保留国有股权的企业进入高壁垒行业的概率要大；民营控股公司引入或保留国有股权的行为与民营企业家参政在影响民营企业进入高壁垒行业存在替代关系。

（5）引入或保留国有股权的民营企业，其多元化程度大于未引入或保留国有股权的民营企业；民营控股公司引入或保留国有股权的行为与民营企业家参政在帮助民营企业进行多元化投资方面存在替代关系。

（6）在目前转型的经济背景下，国有股权在民营企业中的存在是一种重要的政治关联渠道，能为企业发展带来资源；但更重要的是，伴随着社会资本的提高，社会软环境的完善，民营企业对政治关联这种非正式替代机制的依赖会降低。

（7）民营企业中的国有股权能够缓解民营企业的融资约束。进一步研究发现，当民营企业不含有国有股权时，金融关联缓解融资约束的作用较大，相反，当民营企业含有国有股权时，金融关联缓解融资约束的作用就会较小。

目　录

第一章　绪　论 / 001

一、研究背景 / 001

二、研究意义 / 002

三、研究的技术路线 / 005

四、本书的创新之处 / 005

第二章　政治关联的理论背景及文献综述 / 007

一、政治关联的理论基础 / 007

二、企业政治关联的动机 / 010

三、企业政治关联的研究脉络 / 012

四、政治关联的效果研究 / 016

五、政府对民营企业的“扶持之手”与“掠夺之手” / 024

六、中国民营企业政治关联的策略 / 027

七、中国民营企业政治关联的渠道 / 030

八、研究政治关联的一个新框架 / 033

第三章　民营上市公司高管政治关系与绩效研究 / 039

一、引言 / 039

二、相关文献 / 040
三、理论分析与研究假设 / 042
四、研究设计 / 046
五、实证检验 / 049
六、小结 / 054

第四章 制度环境与国有股权的政治关联效应 / 057
一、引言 / 057
二、理论阐述与实证假设 / 059
三、研究设计 / 062
四、实证结果及分析 / 067
五、小结 / 073

第五章 国有股权、企业家参政与民营企业的融资便利 / 075
一、引言 / 075
二、理论分析与研究假设 / 077
三、研究设计 / 081
四、实证结果及分析 / 086
五、小结 / 092

第六章 国有股权与进入壁垒——民营企业政治关联研究 / 093
一、引言 / 093
二、理论分析与研究假设 / 096
三、数据来源和研究设计 / 100
四、实证检验和分析 / 104
五、小结 / 110

第七章 国有股权、民营企业家参政与企业的多元化投资 / 113
一、引言 / 113
二、理论分析与研究假设 / 115
三、研究设计 / 118
四、实证结果及分析 / 124
五、小结 / 129

第八章 国有股权、社会资本与公司银行融资便利性 / 131
一、引言 / 131
二、理论分析与研究假设 / 133
三、研究设计 / 137
四、实证结果及分析 / 142
五、小结 / 148

第九章 国有股权、金融关联与融资约束 / 151
一、引言 / 151
二、文献回顾 / 153
三、理论分析与研究假设 / 155
四、研究设计 / 157
五、实证结果及分析 / 160
六、小结 / 167

第十章 结论与展望 / 169

参考文献 / 173

第一章 绪 论

一、研究背景

随着全球经济一体化趋势的加剧和政治经济的融合，企业已经步入政治竞争时代。Faccio（2005）从全球视角研究了政治关联问题，发现企业的政治关联在很多国家都广泛存在，特别是产权保护度较弱的国家和地区更为突出。在许多产业中，政治上的成功与经济上的成功同等重要，因此企业往往将政治战略作为其整体战略的一部分，政治关联已成为企业取得成功的基础。许多企业在制定市场竞争策略去战胜对手的同时，无不重视政治策略的制定与实施，它们通过影响政府政策的决策过程，从而获得各种政府资源，提高企业经营绩效水平。企业越具有长远发展意识，越会重视政治策略的制定与实施，这已成为企业战略管理的重要内容。

随着中国民营经济的发展，民营企业家不仅在经济领域内扮演着重要角色，而且在社会政治领域也发挥着越来越大的作用。在中国的转型背景和关系主导型社会结构下，民营企业的政治关联广泛存在。1998 年，新希望集团董事长刘永好当选为全国政协常委；2004年，浙江传化集团董事长徐冠巨当选为浙江省政协副主席；张近东（苏宁电器）、刘永好（新希望）、王文京（用友软件）等民营企业家作为人大代表或政协委员参加了2011年全国两会。民营企业家通过人大代表或政协委员身份与政府相关部门保持紧密联系，并构建了民营企业与政府部门之间有效沟通的正规渠道，能够通过法定政治身份正式参与民主政治决策，向政府部门传达企业的利益诉求。除了直接通过人大代表或政协委员这种政治身份与政府构建政治联系之外，许多民营企业常常通过聘请政府党政官员到企业任职作为构建政治联系的另一种方式。例如，浙江吉利控股集团于2002年4月聘请副厅级官员徐刚担任集团首席执行官（CEO），徐刚在此之前有23年政府部门经济管理及组织领导经验。政治环境构成了民营企业外在环境的重要部分，对民营企业的生存和发展以及企业之间的竞争都发挥着至关重要的作用。因此，搞好与政府的关系是某些企业成功的重要前提，这样我国就出现了大量的民营企业家代表委员。民营企业通过不同渠道拥有政府资源，与不同层级的政府部门建立紧密的联系，从而与政府官员的沟通更为有效，并带来政治利益和经济效益（周黎安、陶婧，2009；Li等，2006；Li等，2008；罗党论、唐清泉，2009）。因此，政治关联不仅在世界各国是一种普遍现象，在我国国内也有许多民营企业通过各种渠道去建立政治纽带，产生这种现象的原因值得我们进行探讨研究。

二、研究意义

在中国目前转型经济的情况下，政府环境构成了企业外在环境的重要部分，对企业的生存和发展以及企业之间的竞争都发挥着很重要的作用。如何应对政府环境、处理与政府的关系也就构成了企业战略决策和经营行为的重要方面（张建君、张志学，2005）。一般来说，企业总是处于特定的制度环境中，并且其行为倾向于趋利避害，适应所处环境，从而企业的很多行为应该是内生于其所在地的制度环境。Allen 等（2005）提出了著名的“中国之谜”（Puzzle of China）：中国的法律保护薄弱、金融体系落后，但其经济增长却相当强劲，这似乎与 LLSV 的法律与经济发展理论相悖。

现在的民营企业在我国经济中扮演越来越重要的角色，中国经济的发展离不开民营企业，在国家政策的引导下，随着社会主义市场经济的进一步发展完善、市场主体的日益多样化，民营企业组织形式日趋优化，出资方式也更加灵活。越来越多的民营企业通过首次股票公开发行（IPO）、买壳上市等方式进入中国的资本市场。全国工商联发布的 2011 年度《中国民营经济发展形势分析报告》显示，截至 2011 年 4 月，中国的民营上市公司数量首次突破 1000 家。

在民营企业蓬勃发展的背景下，由于法律对私有财产权保护不明确，民营企业的发展存在不确定性，面临比国有企业更大的风险。在这种情况下，民营企业为了安全地发展，就会通过跟政府形成良好的关系来达到目的。Xin 和 Pearce（1996）的研究发现，与国有企业相比，民营企业把关系放在更加重要的位置，同时也在建立关系上投入更多的资源，以期得到从法律和正式制度中得不到的支持和保护。

在经济转型的过程中，民营企业的政治关联有着复杂的动机，但我们对其内在机理尚缺乏深刻的认识。实际上，企业政治关联事关转型时期企业对产权保护和经济利益的根本诉求，是企业追求横向社会资本、寻求政治庇护和政治参与的手段。学者们普遍认为，人们会通过比较投入与产出的关系来决定自己的参与范围和形式，政治参与在本质上是出于利益的考虑，而且首先是出于对物质利益的考虑，总是寻求以最小的代价获取最大的利益。中国的民营企业经过从无到有又逐渐强大的发展过程，这种奇迹般的发展是在各方面制度环境不完善的情况下发展起来的，意味着一定存在着某种内在机制促成了这种奇迹般的发展，这也是很多实证研究选择民营公司作为样本的主要原因（Chen、Li 和 Su，2005）。对于中国民营企业政治关联机制的研究，已有相当多的学者从微观层面提供了经验证据支持（Park 和 Luo，2001；孙铮等，2005；Choi 和 Thum，2007；吴文锋等，2008；Chen 等，2005；Bai 等，2006）。

潘红波等（2008）发现在我国法律保护水平普遍不高的情况下，企业的政治关联可以保护企业的产权免受政府的掠夺。罗党论等（2009）发现，在产权保护力度小、政府干预力度大以及金融发展水平落后的地区，民营上市公司普遍认为企业家参政可以作为免受市场缺陷影响的替代保护机制，并有强烈的动机与政府建立政治关联。学者们普遍认为，国家的法律越不独立，企业的政治参与越普遍。但这些研究大多将中国民营企业政治关联限定在公司高管（或董事会主要成员）的政治参与或者公司高管（或董事会主要成员）与政府官员的关系方面。

被学者们普遍忽略的一种中国民营企业非常重要的政治关联渠道，是民营公司在公司所有权安排中有意引入国有股权或买壳上市时保留一定比例的国有股权。对于民营公司的这种所有权安排的动机，以及国有股权在民营控股公司中的股东行为及其效用，学术界在这方面的研究基本还是空白。那么，面对投资者法律保护薄弱这一情况，民营公司在公司所有权安排中有意引入国有股权或买壳上市时保留一定比例的国有股权究竟能否真正起到支持公司经济绩效增长的作用呢？民营公司所有权安排的这种目的和民营企业家的政治参与这两种作用机制之间是否也可以相互替代呢？

对这些问题的研究，有助于更准确地理解和把握企业政治关联的内在逻辑，丰富发展企业政治关联在公司金融学领域的研究内容。同时，可在一定程度上回答 Allen 等（2005）提出的“中国之谜”的命题，也有助于从各种视角解释民营企业在各种制度不完善的情况下，仍能得到迅速发展的内在机理。此外，可为政府部门思考如何进行制度建设，改善民营企业发展环境提供新的理论依据。总之，这项研究无论是对民营企业的理论研究与政策实践，还是对丰富学术文献都有重要的意义。

三、研究的技术路线

（1）首先对相关基础理论进行归纳整理，考察这些理论的提出背景、理论假设、适合的应用环境等，对比中国民营公司所处的环境，找出其特殊性，在吸收现有理论长处和合理成分的基础上，对民营公司所有权安排中引入国有股权的动机取向及国有股权（含代表国有股的董事）的行为逻辑及作用机制进行分析。

（2）对于民营控股公司引入或保留国有股权的效果，拟通过寻找民营控股公司引入国有股与融资便利、进入壁垒、多元化程度等指标的相互关系，建立计量模型，从中国区域制度环境对民营控股公司引入国有股动机影响的角度进行实证研究，主要的建模思路是：①拟采用两个指标衡量公司政治关联强度：一是引入国有股的比例，二是国有股的控制背景。②制度环境方面拟采用樊纲等（2007）编制的《中国市场化指数》来衡量，同时控制一些其他相关变量。另外，拟设计一个国有股占比与民营企业家政治参与的交互变量，通过计量模型来讨论引入国有股权和政治参与这两种政治关联方式是否存在替代效应。

四、本书的创新之处

不同于以往学者从企业高管或高管的个人关系角度去理解政治关联，本书的研究拟从新的视角开拓民营企业政治关联研究的新领域，通过理论与实证研究，探讨民营企业引入国有股东的所有权安排动机、国有股在民营控股公司中的股东行为及其作用机制，以及这种安排和民营企业家的政治参与这两种作用机制的效果是否具有替代效应。深入研究民营企业引入国有股权在产权保护、资源获取、融资便利、进入政府管制性行业以及促进企业的多元化投资等方面对企业的影响，这是在以前的企业政治关联类文献中从未出现过的研究思路，对这些问题的研究，有助于更准确地理解和把握企业政治关联的内在逻辑以及国有股权在民营企业的作用机制，丰富发展企业政治关联在公司理论中的研究内容。

第二章 政治关联的理论背景及文献综述

一、政治关联的理论基础

企业政治关系事关转型时期企业对产权保护和经济利益的根本诉求，是企业追求横向社会资本、寻求政治庇护和政治参与的手段，其内在理论基础决定相关研究的层次性和多样性。企业政治关系的理论基础主要涉及社会资本理论、政府的“扶持之手”和“掠夺之手”理论，以及企业家参政理论。首先，根据社会资本理论，社会资本是实际或潜在的资源集合，具体指企业与社会之间的联系以及企业通过关系网络获取稀缺资源的能力（Burt，1995）。企业发展政治关系的过程就是企业借助其高管层的关系网络追求横向社会资本的过程，旨在为社会资本的所有者带来直接利润或间接利润（孙俊华、陈传明，2009）。其次，根据基于经济学视角的政府“扶持之手”和“掠夺之手”理论，政治关系是地方政府间接干预企业的主要渠道。基于信息不对称理论、控股股东代理理论等，政府行为主要表现为“扶持之手”和“掠夺之手”（潘洪波等，2008）。股东价值最大化的目标会与政府官员监督企业的目标发生冲突，政府可通过其“扶持之手”和“掠夺之手”来影响企业的价值。最后，企业家参政理论主要关注民营企业家参政的功利性和民主性问题。企业家参政既有内在因素的驱动，更依赖特定的制度基础（Chen 等，2005）。而且，企业家参政热情并不是一成不变的。李宝梁（2001）研究发现，我国民营企业家参政需求呈“倒 U”形，即企业家的参政热情在达到一定的程度以后会趋于消退。

一般来说，企业行为与其所处的制度环境具有内生性关系。企业政治关系的本质是不同的制度环境在企业及其高管行为方面的最终体现，原因在于政治关系被视为法律保护、政权稳定等机制的替代品（Qi 等，2010）。在法律保护水平普遍较低的国家或者地区，企业可以借助政治关系来应对政府干预，而在财政赤字较严重或者税收负担和行政罚款比较严重的地区，民营上市公司更加倾向于通过建立政治关系来抵消制度环境的部分负面效应，这也是很多实证研究选择民营公司作为样本的主要原因（Chen、Li 和 Su，2005）。Choi 和 Thum（2007）研究指出，只有具备一定的基本制度条件，才可能促成政府和与其存在政治关系的企业之间的互惠行为，而具有政治关系的企业之间的关系网络可以被视为政权自我稳定投资的一种替代。罗党论等（2009）发现，在产权保护力度小、政府干预力度大以及金融发展水平落后的地区，民营上市公司普遍认为政治关系可以作为免受市场缺陷影响的替代保护机制，并有强烈的动机与政府建立政治关系。在法律制度比较完善的国家，企业也会寻求政治关系，但这种政治关系往往被认为是对成熟的治理体系的补充。

政治关联在不同文献的研究背景下其内涵有所不同，但诸学者的观点在这方面是一致的：政治关联不同于腐败和贿赂，因为它在法律层面上是完全合法的，政治关联也不同于政治干预，因为两者的发起人不同，并且作用机理也完全不同。

截至目前，政治关联的概念尚没有一个统一的定义，国内外学者针对自身研究对象的不同给出了各自的概念。Roberts（1990）认为，政治关联是指与参议员有利益关系。Faccio（2006）认为，公司的大股东或者高管是议员、大臣、政府首脑或者与政府高官关系密切，那么该公司就是政治关联的。Fan、Wong 和

Zhang（2007）专门研究了中国的公司，他们认为如果公司的 CEO 任职于或者曾经就职于中央政府、地方政府或者军队，那么这家公司就是政治关联的。Bertrand 等（2007）认为，在法国，只要公司的 CEO 毕业于精英学校，同时也曾是公务员或者在政府中任过职，那么这家公司就是政治关联的。Ferguson 和 Voth（2008）认为，在 20 世纪 30 年代的德国，那些经理和董事会成员与执政党关系密切的公司属于政治关联公司。Wong（2010）认为，在中国香港，如果某公司的股东或董事是选举委员会成员，那么这家公司就是有政治关联的。Xu 和 Zhou（2008）将政治关联分为两种类型：①明确的政治关联建立在法律和制度基础上，参与方是政府与企业，一种主要形式是政治关联通过公有产权而建立。②不明确的政治关联并不建立在法律和制度基础上，参与方是前任或现任政府官员与企业，这种关联是非正式的，不在制度保护范围之内。张建君和张志学（2005）发现，中国公司是通过雇用现任或者前任政府官员而建立这种不明确的政治关联。潘红波等（2008）认为，公司的总经理或董事长是以前或者现任的政府官员，则该公司就具有政治关联。吴文锋等（2008）认为，政治关联是指公司与拥有政治权利的个人之间形成的隐性政治关系，包括公司高管曾经或者当时在政府部门（或国会）任职、通过选举捐款获得的关系等，但不包含因政府持股而形成的关系。王利平和高伟（2010）认为，政治关联表现为高层管理人员（董事长、CEO、董事）及大股东有政府部门任职经历，通过公益事业及人际关系网络建立起与政府的密切关系等。

政治关联不同于腐败和贿赂。正如 Faccio 等（2006）所指出的，政治关联在法律层面上是完全合法的，它是企业通过政治关联的高管影响政府部门以获取其他企业所不具有的优势。吴文锋等（2008）认为，尽管中国市场化改革逐步深化，但政府对资源分配、企业经营等经济活动的干预仍然比较多，具有政府背景的高管熟悉政府的运作规则，了解政府的政策动向，与政府官员的沟通更为有效，这为具有政治关联的企业在政府采购、开发权、用地审批、税收优惠等方面提供了便利。魏杰和谭伟（2004）指出，企业影响政府存在两种轨道：一是“阳光轨道”，企业的董事、管理层通过参政议政来影响政府，可以选择进入各个地区甚至全国的人民代表大会和政治协商会议，如 2008 年吉利集团董事长李书福就当选为第十一届全国政协委员。二是“黑色轨道”，企业通过一些不合法的手段迫使政府为其提供特殊服务，以损害社会和其他企业利益来换取自身利益的轨道。这种轨道对企业和社会都是有害的，而且超出了法律框架的保护，最主要的表现方式就是权钱交易的寻租行为。因此，政治关联的特点与内涵决定了它不同于腐败和贿赂，它是一种合法的手段，属于“阳光轨道”。

需要特别注意的是，政治关联不同于政治干预，它们的作用机理完全不同。政治干预是政府为了达到公共目的和社会目标或者官员出于私人利益，通过各种方式和途径影响企业，利用企业资源服务于自身利益（Shleifer 和 Vishny，1994；Bertrand、Kramaraz、Schoar 和 Thesmar，2006；徐浩萍、吕长江，2007），其发起者是政府。政治关联则是企业为寻求某种利益或出于其他目的而主动与政府建立政治关系纽带，进而来影响政府和市场，其发起者是企业。

二、企业政治关联的动机

企业建立政治关联在本质上与其他企业行为一样，都是出于对获利最大化的追求。企业的生存和发展需要获得许多外部稀缺资源的支持，这些资源既包括以金融资本为主的有形资源，也包括政策环境和政策导向等无形资源。这些资源的可获得性通常依赖于所在国家或地区的市场机制、法律和制度因素等外部环境，其中政府行为对这些资源的配置有重要的影响。企业建立政治关联就是希望能够在满足预期收益超过预期成本的条件下，通过这种关系资本影响政府行为获得企业所需要的资源。可见，政治关联的建立是由其所处的制度环境所决定的（Bartels 和 Brady，2003），当政府介入资源配置的程度越强，企业越倾向于采用这种非正

式的制度获取资源。对一些国家的经验研究发现，在政府管制比较严重的发展中国家，如巴基斯坦、马来西亚、巴西等，企业普遍存在明显的政治关联现象，拥有政治背景的企业能够享受低融资成本和低实际税率的好处。Faccio（2006）在全球视角下的经验研究也证明政治关联现象广泛分布在国家之间，尤其在腐败程度高、产权保护水平低、政府干预程度高或非民主制度的国家更为常见，有政治关联的企业更容易获得融资和税收优惠，在市场上更有竞争力。

对于企业采取这种非正式替代机制获得资源的原因，一种观点认为政治关联的建立有利于企业降低交易成本。在政府管制严重且影响较大的地区，企业通过市场的方式获取资源的交易成本较高甚至会受到限制，只好转向建立密切的政治关联以更容易获得政府的支持（Khanna 和 Palepu，2000），获得一个企业稳定发展的可信承诺。政府往往会对某些市场进入设置严格的限制，或者通过管制给予特权的方式，制造一些人为的稀缺，这种稀缺能够产生巨大的利润，激励企业向政府竞争相关份额的准入，而政治关联可以使企业在这些管制行业中得到较宽松的待遇或达到对竞争对手更严厉限制的目的（Hadlock、Lee 和 Parrino，2002）。同时，政府还掌握着财政资源的分配，如大宗政府采购合同的签订，有政治关联的企业显然能够获得更多竞争优势。

另一种观点则认为，政治关联的建立能够为企业起到一个信号传递的作用。例如，在政治干预程度较强，国有银行处于信贷市场垄断地位的国家，建立良好的政企关系能够帮助企业获得更多融资优惠。政治关联能够起到减少信息不对称的作用，银行由于预期到有政治关联的企业即使陷入困境，也能够得到政府的优先扶助和各种政策性的补贴，因此也乐意为有政治关联的企业以最少抵押物来提供更多的贷款。这种信号传递作用还反映在对企业价值的预期上，Bunkanwanicha 和 Wiwattanakantang（2008）对 2001 年泰国大选中赢得内阁成员的 8 位商业大亨所拥有的上市公司股票价格的研究发现，在他们成功赢得选举时，市场对以往业绩平平的企业的股价做出非常正面的价格回应，并且在后续的两年中，这些企业都能拥有比同类企业更高的定价。此外，也有学者从收入的角度解释企业建立政治关联的动因。在税收负担较重的地区，建立政治关联能够帮助企业避免各种名目的苛捐杂税，以获得更低的实际税率，进而提高企业的利润。

三、企业政治关联的研究脉络

国外有关企业政治关系的实证研究主要选取各个国家的样本数据，尤其是大多数国家私有化时期和公司治理转型时期的数据，这些数据反映了企业政治关系根植于转型制度环境的特征。通过考察不同的关系渠道，现把该领域的实证研究分为收益观、风险观和综合观三个视角加以梳理。下面对这三个视角分别予以介绍。

（一）基于收益观的企业政治关系研究

以经济转轨和治理转型为特征的制度环境缺乏完善的法律体系，交易成本昂贵。在这样的制度环境下，企业更倾向于把构建关系资源作为其经营战略的组成部分，以获取优惠待遇并提升企业价值。Agrawal 和 Knoeber（2001）、Goldman 等（2005）针对美国等制度环境较成熟的市场，以及 Fisman（2001）、Jonson 和 Mitton（2002）、Khwaja 和 Mian（2005）、Claessens 等（2008）针对印度尼西亚、马来西亚、巴西、巴基斯坦等制度环境相对较差的发展中国家的实证研究都表明，具有政治关系的公司取得了显著收益。基于收益观的企业政治关系研究以资源基础论为理论基础，认为企业政治关系在资源获取方面发挥着重要作用。

（1）企业政治关系对企业绩效或市场价值的提升作用。相关研究主要采用事件研究法来证实企业政治关系对企业市场价值的影响。例如，与印度尼西亚前总统苏哈托关系密切的公司的股价因受苏哈托病情的影响而大幅波动。Simon 和

Todd（2002）的研究结果表明，与马来西亚总理马哈蒂尔关系密切的企业的市值在马来西亚政府宣布资本管制之后大幅度上升。即使是美国这样号称实行民主政治的国家，也难免落入政治关系的套路，支持总统竞选获胜一方的企业其股价往往会大幅度上涨。从这个角度看，企业政治关系有助于企业市场价值的增加。

（2）基于声誉机制的企业政治关系有助于企业获取优惠的融资和投资待遇。银行融资是企业政治关系运营的重要渠道。企业政治关系可以通过声誉机制来实现优惠的融资待遇（Jonson 等，2002；Khwaja 和 Mian，2005；Charumilind 等，2006；Faccio，2006；Claessens 等，2008）。具有政治关系的企业往往能比无政治关系的企业获得更优惠的融资待遇，它们的负债率也相对较高。对我国民营上市公司来说，企业政治关系是一种重要的声誉机制，其为企业带来的优惠融资和投资待遇主要包括额外的发展机遇（孙铮，2005）、较多的银行贷款和较长的贷款期限（余明桂和潘洪波，2008）、较少的融资约束（罗党论等，2009）以及投资促进作用（Francis 等，2009；潘越等，2009）。

（3）较低的税率以及企业陷入财务困境后获得的政府补助。Bertrand（2006）对法国企业政治关系的研究结果表明，企业家增加就业机会，政府会给予这些企业家税收方面的优惠。Faccio（2006）的跨国研究也证实，具有政治关系的企业往往能在税率方面享受好处。吴文锋等（2008）研究发现，在企业税外负担较重的中国省市，如果企业聘用具有政府背景的高管，那么其所得税适用税率和实际所得税率都显著低于高管没有政府背景的企业。Faccio 等（2006）基于全球 35 个国家的研究证实，面临财务困境时，具有政治关系的企业比较容易获得政府补助。潘越等（2009）也发现，我国民营企业的政治关系显著影响政府对它们处于财务困境时的补助行为，但国有企业的政治关系对政府补助行为的影响并不明显。企业政治关系的其他正面影响还包括高管层政治关系网络对企业业务和地域多元化的促进作用（巫景飞等，2008）、相对宽松的管制（Desoto，1989）以及较低的契约执行成本（Faccio，2006）。

以上研究证实了企业政治关系的各种收益，有关企业政治关系的测量往往局限于虚拟变量和公开数据，忽略了不同国家差异性制度环境的分析。企业政治关系具有形式上的复杂性以及关联度的强弱性，至少在注重关系和声誉的国家不能单纯研究企业政治关系的存在性。另外，现有相关研究结论可以显著解释具有弱政治关系企业获得的优惠待遇等问题，但没有解释强政治关系是否会负面影响企业（如国有企业）绩效的问题，忽视了企业政治关系背后隐藏的复杂动机。

（二）基于风险观的企业政治关系研究

基于风险观的企业政治关系研究是伴随着基于收益观的企业政治关系研究同时出现的，原因主要在于企业政治关系研究促成因素的双重性。例如，社会资本是一种促成企业政治关系的重要因素，它自身就有收益和风险问题（Seok，2002）。Shleifer 和 Vishny（1997）认为，政府的效用目标既包括经济诉求，也包括政治诉求，政府会要求其控制或监管的企业重视职工福利，从而迫使企业行为偏离了追求股东价值最大化的轨道。企业政治关系使企业承担政府的寻租成本，从而损害企业价值，具体表现为政府“寻租”损害企业绩效（尤其是财务绩效）以及增加信息风险和治理风险。

（1）政府“寻租”损害企业绩效（尤其是财务绩效）。企业政治关系可以为企业带来一定的收益，但是，企业也要为维持这种关系而付出代价。Shleifer 和 Vishny（1994）指出，政治家会通过创造企业政治关系来获取一定的租金，因此，只有当企业政治关系的边际收益大于其边际成本时，企业价值才会提高。Cheung 等（2005）研究证明企业政治关系会损害小股东的利益。Morten（2000）分析认为，有时企业为了获得优惠待遇，不得不接受政府提出的安排更多失业人员就业的要求，因而要付出很大的代价，甚至导致得不偿失。Boubakri 等（2008）对全球 41 个国家的私有企业的实证研究也表明，具有政治关系的企业尽管享受了高负债等收益，但其财务绩效相对较差。在我国，具有政治关系的企业往往要承担更多的政治和社会责任（如帮助地方政府实现某些政治目标和社会目

标），因此其财务绩效常常还不如无政治关系的企业（Fan 等，2007）。

（2）增加企业的风险。企业政治关系在降低企业营运成本的同时，也会提高企业的政治、信息和治理风险，从而增加治理成本。一方面，企业政治关系一旦破灭，企业的绩效和价值必然会下降；另一方面，政治家要从企业政治关系中获取租金，具有较强的动机帮助企业粉饰财务报告，从而影响企业所披露的会计信息质量。Ball 等（2000）的研究在一定程度上支持了企业政治关系会降低会计信息质量、增加信息风险的观点。Chaney 等（2006）则从会计契约角度讨论了企业政治关系的经济后果，并且认为企业与政府关系越密切，其财务报告的质量就越差。

（3）基于风险观的企业政治关系研究是从控股股东的代理问题或政治家政治目标入手的，考察这种双重行为对公司绩效的损害，这与政府“掠夺之手”的观点相一致，即政府官员或者政治家倾向于从自己所控制的上市公司那里榨取资源以实现自己的目的，而不是实现企业价值最大化。这一视角研究也有自己的局限性，主要体现在三个方面。首先，这种观点的隐含假设往往把企业政治关系视为一种“剥夺企业资源的工具”，从而忽略了认为政治关系根据其不同的强弱程度，在企业层面体现为不同效率政治资源的柔性资源观。其次，该观点没有区分企业政治关系不同的主导主体（即政府和企业）。显然，政府主导的企业政治关系与企业主导的企业政治关系具有显著的差异。最后，这种观点更加适用于法律不健全的国家，因而更能体现制度背景的差异性，但基于风险观的研究不能合理解释发达国家企业普遍存在政治关系的现象。

（三）基于综合观的企业政治关系研究

一些学者从综合观视角，采用规模更大、时间跨度更长的样本或者更加精确的测量方法来考察企业政治关系对绩效的影响。Faccio（2006）在对 42 个国家的样本数据进行回归分析后发现，在那些腐败严重的国家，具有政治关系的企业更容易获得债务融资和优惠的税收待遇，从而能占据较大的市场份额，但绩效却较差。王庆文和吴世农（2008）以 1999~2006 年沪深两市的上市公司为研究样本，编制了我国上市公司政治影响力指数。他们的研究发现，大体而言，企业政治关系损害了我国国有企业的业绩，政府对国有企业起到了“掠夺之手”的作用；而企业政治关系对民营企业的业绩具有促进作用，政府对民营企业扮演了“扶持之手”的角色。

基于综合观的企业政治关系研究表明，企业政治关系对企业业绩影响具有双重效应：既有优惠融资等收益，又会造成业绩下降，但没有区别企业政治关系根本动机的制度性差异。以各国公司治理模式差异的根源为例，La Porta、Lopez-de-Silanes、Shleifer 和 Vishny（1998 年和 2008 年）的法律起源假说只可以部分地解释各国治理体系之间的差异，要更加充分地理解这种差异，还必须结合法律与社会制度、文化等多种因素进行综合分析（陈仕华、郑文全，2010）。

四、政治关联的效果研究

（一）政治关联对企业价值的影响

从理论上讲，政治关联对企业价值的影响可以是正面的、负面的，甚至是无影响的。国内外学者从不同的角度对政治关联与企业价值的关系进行了诠释。

1. 政治关联对企业价值具有正面影响

Granovetter（1985）指出，即使在现代资本主义社会中，社会关系网络，包括政治关联，仍然是资源分配和其他经济行为的一个关键因素，企业热衷于建立政治关联是因为它被认为是有价值的。Leuz 和 Gee（2006）研究了印度尼西亚的

公司，发现较强的政治关联可以提升企业价值。Goldman 等（2009）认为，政府官员可以通过授予企业利润丰厚的政府合同、对国外竞争对手施加关税或降低监管要求等方式来影响公司价值。大量针对美国上市公司的实证研究表明，政治关联对企业价值的提升是显著的（Jayachandran，2006；Knight，2007；Jiang，2008）。Boubakri 等（2008a）用文献证明，安排政治家或者与政府有关联的企业家进入上市公司的董事会能提升公司绩效和抗风险能力。Niessen 和 Ruenzi（2010）研究发现，德国的政治关联企业无论是账面还是股市都有很好的业绩表现，并且在 2006 年和 2007 年，政治关联企业有着更高的资产回报率（ROE）和投资收益率（ROI）。Wong（2010）以中国香港上市公司为研究样本，发现了与他们所提出的"官商合谋"假设相一致的证据，即无论以股票回报率还是以市值账面比来衡量，政治关联确实可以提高公司价值。Braggion 和 Moore（2010）以维多利亚时代后期的 467 家英国公司为样本，发现有一半左右的议员在私有企业的董事会任职，在企业任职的政治家们可以提高采用新技术的公司的价值。

国内的吴文锋等（2008）以高管政府背景作为政治关联的度量指标，发现在政府干预市场严重的地区，高管的地方政府背景能显著增加公司价值。罗党论和黄琼宇（2008）的实证研究表明，无论采用托宾 Q 值还是买入并持有超额回报来衡量企业价值，民营企业的政治关联对企业价值都有显著的正面影响，有政治关系的民营企业价值更高。姜跃龙（2008）的研究发现，具有政府背景的高管继任之后，企业价值显著高于不具有政府背景的高管所继任的企业价值。雷光勇等（2009）通过实证研究发现，政府干预指数、法治水平指数与公司价值显著正相关，即政府干预越少、法治水平越高，有政治关联的公司价值越高。郑路航（2010）以中国 A 股上市公司为样本，发现独立董事的政治关联程度与以托宾 Q 值度量的企业价值存在显著的正相关关系，这表明独立董事的政治关联是一种重要的政治资源。

2. 政治关联对企业价值有负面影响

Shleifer 和 Vishny（1994）构建的模型表明，如果政治家只顾追求自身政治利益，如政治家让国有企业过度雇用工人、支付超出市场水平的工资等以赢得选举支持，导致企业建立政治关联的边际成本超过了边际收益，使经营决策偏离了股东利益最大化，那么就会有损于企业价值。Faccio（2006）认为，虽然政治关联能够带给公司很多利益，但是具有政治关联的公司业绩却远低于非政治关联公司。Fan 等（2007）研究了中国的国有上市公司，他们发现任命有政治关联的 CEO 非但没有增加企业价值，反而有助于政治家达成自己的政治目标，使得政府更容易扮演“掠夺之手”的角色，有政治关联公司的经营业绩比没有政治关联公司的经营业绩差。Bertrand 等（2007）研究发现，有政治关联的法国公司 CEO 会调整雇用员工数量以及生产计划以帮助现任的政治家竞选连任，而这对公司价值是破坏性的。梁莱歆和冯延超（2010）以中国民营企业为样本，发现政治关联民营企业的雇员规模、薪酬成本均显著高于非政治关联民营企业，这表明政治关联民营企业受到了政府为扩大就业、促进社会稳定而进行的政治干预。

综合上述分析可以得出，虽然研究样本的不同会导致研究者得出的结论有较大差异，但从总体上来看，无论是从实证角度还是从理论角度，大多数学者支持第一种观点，即政治关联对企业价值有正面影响。

（二）政治关联对企业经营活动的影响

目前已有学者研究了政治关联对企业经营活动的影响，这包括：企业融资、企业税率、企业的多元化、企业运营、政府救助、权益资本成本、企业投资等方面。

1. 政治关联与企业融资

Khwaja 和 Mian（2005）研究发现，有政治关联的巴基斯坦企业可以获得两次以上的贷款，并且可以享受 50%的利率优惠，还能从国有银行获得专项贷款。政治关联的存在可以给企业带来更优惠的贷款条件，包括融资上的便利（Johnson 和 Mitton，2003；Chiu 和 Joh，2004；Cull 和 Xu，2004；Faccio，2007；

Claessens、Feijen 和 Laeven，2008）、以较少的抵押物获得更多的长期贷款（Charumilind、Kali 和 Wiwattanakantang，2006）和更低的贷款利率。Leuz 和 Gee（2006）发现政治关联会影响公司的融资策略，政治关联较强的印度尼西亚公司不太愿意去国际资本市场融资，因为国有银行可以为它们提供更低成本的贷款，而且去国外发行证券要求信息披露的范围更广以及审查更严格，而有关公司的信息披露越少越有利于政治关联的利用。Faccio 等（2006）研究了 450 个不同国家的政治关联企业，发现政治关联较强的公司融资更为容易，可能是因为它们有来自政府的隐含担保以及违约的概率较低。Jiang（2009）研究了 1997~2006 年来自 20 个国家的 530 家有政治关联的企业，发现政治关联可以减少风险，这就解释了为什么银行愿意对政治关联的企业放宽授信限额。Yeh 等（2010）发现，有政治关联的公司能以较低成本从银行获得贷款。Infante 和 Piazza（2010）以意大利上市公司 2005~2009 年数据为样本，发现具有地方政府背景政治关联的公司可以获得较低的银行贷款利率，并且这种贷款效应在当地信贷官员的自主决策权较高时更为显著。

在对国内民营企业的研究中，罗党论和甄丽明（2008）构建理论模型论证了政治关联对民营企业融资的作用，并对中国民营上市公司进行了实证检验。他们发现，有政治关联的民营企业外部融资面临的约束更少，更容易取得银行借款；在金融发展水平越低的地区，民营企业政治关联对其融资的帮助越明显。白重恩等（2005）指出，民营企业的自我保护措施（政治关联）以及解决信息不对称的有效方法可以降低贷款难度。Bai 等（2006）研究表明，中国对民营企业产权保护不力，导致民营企业融资困难，建立政治关联有利于民营企业获得更多银行贷款。余明桂和潘红波（2008）以中国 1993~2005 年在沪深交易所上市的民营企业为样本，发现有政治关联的民营企业可以获得更多的银行贷款和更长的贷款期限，并且在金融发展越落后、法律水平越低和政府掠夺越严重的地区，政治关联的这种贷款效应越显著。胡旭阳（2010）发现，政治关联有助于民营企业从地方金融机构获得相应的信贷资源。

2. 政治关联与公司税率

Adhikari 等（2006）研究了发展中国家的政治关联和有效税率（ETR）的关系。他们发现，政治关联公司支付的有效税率显著低于非政治关联公司，这个结果意味着在以关系为基础的经济体中，政治关联是有效税率的重要决定因素。Faccio（2007）的跨国研究也证实政治关联公司可以享受低税率。吴文锋、吴冲锋和芮萌（2009）以 1999~2004 年中国沪市和深市的民营企业为样本，研究了高管政府背景对公司所得税优惠的影响。他们发现，在企业税外负担较重的省份，高管具有政府背景公司的适用税率和实际所得税率都显著低于没有政府背景的公司，并且企业税外负担越重，它们所获得的税收优惠也越多。

3. 政治关联：产权保护的法律替代机制

转型国家不太可能在短时间内造就成熟的法律环境，因此替代的方法就可能产生，这些替代机制大多存在于大陆法系国家（La Porta、Silanes、Shleifer 和 Vishny，2000）。La Porta 等（1999）认为，在大陆法系国家，法律制度对投资者保护程度较低，较高的股权集中度就是对投资者保护不足的一种反应。Cheffins（2001）的研究表明，英国的法律制度在 20 世纪前期并未能很好地保护中小投资者，而市场上出现了诸如自律体制之类的替代机制。

尽管财产权得不到妥善保护并面临政策歧视，但是民营企业在中国的蓬勃发展说明它们有一套自我保护的机制，使它们能营造出适合自身发展的小环境（白重恩等，2005）。罗党论和唐清泉（2009）也指出，中国民营企业经历从无到有、从弱到强的发展过程是在各方面制度环境不完善的情况下发展起来的，这意味着一定存在着某种内在机制促成了这种奇迹般的发展。Chen 等（2005）、潘红波等（2008）以及 Butler 等（2009）认为，政治关联可以部分替代正式法律制度，为民营企业发展提供产权保护。胡旭阳（2006）认为，政治关联对民营企业产权保护有以下好处：第一，减少了来自地方政府的权利侵害，如可以减少地方政府的乱收费、乱摊派行为；第二，民营企业可以借助政府力量来防范其他非政府行为的侵害，如防止其他企业的假冒产品等。

4. 政治关联有助于降低行业壁垒、获得政府补贴

胡旭阳（2006）认为，在信息对称和行业进入受到行政管制的环境下，民营企业家的政治身份通过传递企业质量信号，降低了民营企业进入政府管制行业的壁垒，为民营企业创造了成长机会。孙铮等（2005）发现，我国地区市场化程度越高，长期债务比重越低，他将这一差异归因于政府对企业的干预程度不同：在强的政府干预下，具有政治联系的企业即使没有陷入困境也会得到政府更多的优惠补贴。陈冬华（2003）研究发现，具有地方政府背景的董事长在上市公司董事会中占有相当重要的席位，地方政府影响越大，上市公司越可能获得更多的补贴收入。余明桂等（2010）以我国民营上市公司为样本的研究发现，有政治联系的民营企业能够获得更多的财政补贴；而且在制度环境越差的地区，政治联系的这种补贴获取效应越强。

5. 政治关联与企业的多元化

企业通过多元化实现企业增长的策略能否实现既受制于企业内部资源，又受制于企业外部环境？企业拥有的政治资源对克服企业多元化过程中的内部资源和外部环境约束具有重要影响。因而，企业的政治资源对企业多元化策略的影响表现为：企业的政治资源越多，企业进入需要政府行政许可的行业进行多元化的可能性就越高。Chung（2004）认为，在以大型多元化企业著称的日本和韩国，企业多元化是国家工业化政策的产物。在日本和韩国的工业化阶段，政府为了实现经济快速增长的目标，需要成功企业家的支持；相应地，政府给予这些企业以必要的资本、优惠的税收政策、行业准入许可支持，从而使这些企业能够进入更多领域实现多元化经营。此外，还分析了民营企业的政治资源与民营企业多元化投资之间的关系，结果发现：民营企业拥有的政治资源与民营企业多元化程度之间存在显著正相关性；民营企业拥有的政治资源越丰富，就越可能进入政府管制行业进行多元化。

6. 政治关联与企业运营

Mobarak 和 Purbasari（2006）发现，与苏哈托总统有政治联系的印度尼西亚公司更容易获得进口许可证，并且利润是非政治关联企业的十倍，而且外向型更加明显。Agrawal 和 Knoeber（2001）发现，如果与政府之间的合作越多，如政府采购越多、出口量越多，政治关联公司里有政府背景的董事就会越多。Faccio（2007）认为，市场份额可以靠垄断地位、获得特许权或许可证以及可观的政府合同来获取，一些大公司发现政治关联有利于扩大市场份额，因而更愿意去建立政治关联。实证分析也表明，政治关联企业有着较高的市场份额，特别是那些通过所有者而不是董事建立政治关联的企业。Goldman 等（2008）研究了政治关联是否影响到政府采购合同的分配，他们通过分析美国上市公司，发现了政府官员在其所属政党控制力较强的时期帮助政治关联企业获得利润丰厚的政府合同的证据。蔡地和万迪昉（2009）以中国民营企业为研究样本，发现具有政治关联的民营企业更倾向于多元化经营，并且政府干预越严重的地区，这种多元化经营效应越显著。李善民等（2009）以中国上市公司 2001~2006 年发生的 399 起多元化并购和 768 起相关并购事件为研究对象，发现企业的政治关联越高，越倾向于进行多元化并购。丁贞（2010）研究发现，高管的政治关联对企业的研发（R&D）投入有正向影响，这表明提高政治关联这类有价值的关系资源有利于高管对研发投入做出积极的决策。

7. 政治关联与政府救助的获取

Roberts（1990）、Fisman（2001）以及 Faccio（2006）等的文献表明，政治关联公司的股票价值会受到政治事件的影响，而影响的渠道之一就是政府救助。例如，Fisman（2001）发现印度尼西亚与苏哈托总统有政治关联的企业的股价会因总统身体健康状况的坏消息而下降，这可能部分是由于将来这些政治关联公司发生财务危机时获得政府救助的可能性在下降。Faccio 等（2006）通过研究来自 35 个国家的 450 家政治关联企业，证明了政治关联可以带来政府的优先救助，他们发现在 1997~2002 年有 11.3%的政治关联企业接受了本国政府一揽子援助计划，比较而言，只有 4.4%的非政治关联企业接受了类似的政府救助。沈艺峰、宋菁和肖珉（2009）研究发现，政治关联对公司具有一定价值，具有政治关联的上市公司在全球金融危机期间更容易得到政府保护，从而对上市公司股票的持有期收益率起到积极作用。潘越等（2009）以中国 ST 公司为样本，分析了政治关联对财务困境公司获取政府补助的影响，发现政治关联对处于财务困境时的民营企业获取政府补助有显著影响，但对国有企业的作用不显著。

8. 政治关联与权益资本成本

Boubakri 等（2008b）搜集了 1999~2001 年的 25 个国家共计 6632 个样本，检验了政治关联与权益资本成本的关系。在控制了公司和国家因素之后，他们发现，政治关联公司的权益资本成本要低于非政治关联公司。在做了稳健性检验之后，结果仍然非常显著，这就提供了投资者愿意为政治关联公司支付溢价的强有力证据。肖浩和夏新平（2010）也做了相关研究，他们以中国市场为例，选取的也是 1999~2001 年的样本，不过其结论与 Boubakri 等（2008b）的结论完全相反，他们发现政治关联对多数公司的权益资本成本具有负面影响，政治关联在政府干预比较严重的公司会提高其权益资本成本。

9. 政治关联与企业投资

Xu 等（2010）以 2000~2007 年中国家族企业为样本，研究了在以“关系”为基础的经济体中，政治关联对家族企业投资行为的影响。他们发现由信息不对称所引发的投资不足在家族企业中更为盛行，原因在于家族企业融资困难，而政治关联可以通过诸如降低家族企业的外部融资成本等方式帮助其提高投资效率，缓解投资不足问题。

10. 政治关联的负面效应

Cingano 和 Pinotti（2009）对意大利上市公司进行研究，发现政治关联给私有企业带来的好处源自对公共需求的扭曲。如果用公众支出来衡量隐含的福利损失，那么它会随着不同公司产品之间的替代弹性而变化，福利损失的范围为：在公众需求较低市场的 10%到公众需求较高市场的 20%之间浮动。陈敏菊（2006）以中国为例，指出民营企业的政治关联是企业与政府博弈的结果，少数有政治关联的民营企业从中获得了利益；但民营企业政治关联给社会、政府、民营企业自身都带来了负面效应，它扭曲了市场配置资源的功能，扰乱了企业正常的经营秩序，侵害了中小企业利益，滋长了政府官员的腐败，并造成了国有资产流失。余明桂等（2010）研究发现，有政治关联的企业获得的财政补贴与企业绩效及社会绩效负相关，这表明，基于政治关联的财政支出是没有效率的，企业通过俘获掌握着财政补贴支配权的地方政府官员来获得财政补贴，这验证了建立政治关联的寻租假设。他们指出，在制度约束弱的地区这种寻租行为更加盛行，然而这种基于政治关联获得的财政补贴无助于提高企业绩效，反而会扭曲整个社会稀缺资源的有效配置，降低社会的整体福利水平。

五、政府对民营企业的“扶持之手”与“掠夺之手”

从政府与企业之间的关系看，政府扮演的角色可分为“扶持之手”、“无为之手”与“掠夺之手”。“扶持之手”假说认为，当企业遇到危机时可以得到政府的支持；“无为之手”假说认为，政府是缺乏效率的，并不关心企业价值的最大化；“掠夺之手”假说认为，由于履行社会目标或腐败行为，政府可以从企业掠夺资源和财富。从外部投资者利益保护的角度看，政府的“扶持之手”有利于保护外部投资者的利益，约束企业内部人对公司现金流的侵权，而政府的“掠夺之手”往往损害了企业内部人和外部投资者的利益。

现实中，政府可能同时表现为“扶持之手”和“掠夺之手”，在某些情况下，“扶持之手”的作用比较突出，而在另一些情况下，“掠夺之手”的效应则比较显著。“扶持之手”和“掠夺之手”两种效应往往交织在一起，对民营企业产生了复杂的影响。“无为之手”在中国的表现不明显。

随着中国政治经济的发展，政府对民营企业干预的动机和能力不断增强，政治关联能够发挥有益的支持作用。在过去 30 多年的改革进程中，中国推行的财政分权制度客观上改变了中央政府对地方政府的激励机制，使政府参与社会经济活动的行为发生了根本性改变，也导致了中国的所有制结构、市场化、对外开放和社会投资等经济领域的深刻变革。财政分权制度允许地方政府拥有一定的受制度保障的地方财政收益，允许它们在一定程度上支配这些收入并承担相应的责任，这在客观上使地方政府成为相对独立的经济主体，并对地方政府产生了强烈的财政竞争激励。同时，自 20 世纪 80 年代初，地方官员升迁标准由过去以政治表现为主转变为以经济绩效为主，从而对地方政府支持民营企业的发展形成了强有力的激励。中国式的财政分权体制始终伴随着垂直的政治管理体制，中央始终掌握着对省级地方政府官员的干部政绩考核和晋升的权威。由于财政分权和政府官员考核奖励机制，再加上政府官员具有强烈的政治晋升动机，各地政府都具有支持本辖区民营企业发展的动力。现行的财政体制安排和干部人事制度形成了地方官员积极推动地方经济增长的主要激励基础。在中国，中央通过设立以 GDP 为核心的考核机制，激励地方政府贯彻中央的政策意图（周黎安，2004）。基于上述原因，为了获得更多的政治利益，各地政府对民营企业的发展都给予了充分的重视，积极发展本地经济，并制定了相应的促进政策，从而发挥了政府“扶持之手”的作用。

政治关联也可能对民营企业的效率和价值产生危害，造成“掠夺效应”。由于我国分税制的财政体制和政策性负担，政府具有掠夺民营企业资源的强烈动机。1994 年分税制改革后，中央并没有完全控制住地方政府所掌握的预算外收支的权力，使地方政府实际拥有很大的自主收支权。随着政府支出的大规模增加，财政收支缺口越来越大，为了弥补这一缺口，地方政府只能不断扩大税源以增加预算内收入。一个地区的税源在一定时期内是稳定的，在分税制改革后，中央依然控制着税权，地方政府无权制定本地单独使用的税收条例和法规，地方政府对预算内收入规模的控制权受到很大限制。但地方政府仍然保留着计划经济时期的预算外收支体系，增加预算外收支就成为许多地方政府的重要选择。预算外收支体系基本上不受中央控制，地方政府拥有很大的自主权，但对这部分资金的管理权主要分散在各级政府下属的职能部门，而非由财政部门集中管理，因而在预算外收支体系中滋生出大量的“三乱”（乱收费、乱罚款和乱摊派）行为，严重干扰了市场经济秩序。地方政府往往依赖民营企业来增加预算外收入，向民营企业大量摊派费用，加剧了对民营企业利益的攫取，进而降低了地区经济资源的配置效率，损害了地区经济效率和经济增长（王文剑、覃成林，2008）。同时，政府为了实现政策性目标，如地区发展、就业、社会保障和教育等，会将各种社会性负担转嫁到民营企业身上，从而增加民营企业的负担和成本。另外，在某些情况下，政府官员对民营企业的扶持是有代价的，民营企业必须为政府官员提供利益，它们之间形成了“利益共同体”。当政企关系呈现政府主导型特征时，政府的权力部门化，部门的权力利益化，部门的利益个人化，有很多权力掌握在个人手里，这些人控制着资源。一些企业家要寻找民营企业、政府及政府官员、管理层之间的关联性和利益链空间，就要想办法来结交这些官员，因此就会出现一些“潜规则”现象。这时，政府及其官员利益的获得往往是以民营企业利益的损失为代价的，表现出“掠夺之手”效应。政府与民营企业之间的相互关系见图 2–1。

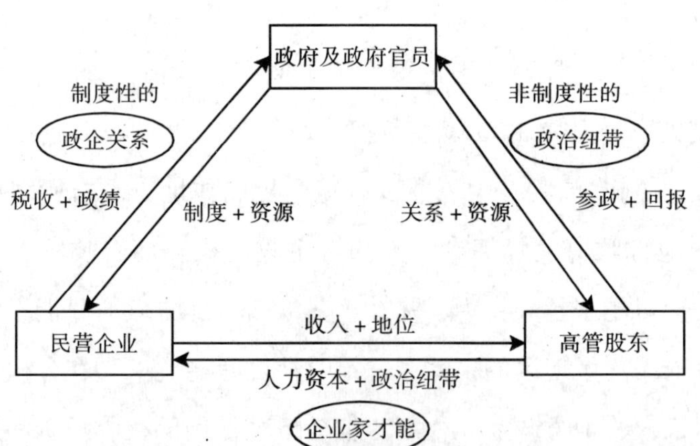

图 2–1　民营企业、政府及政府官员、管理层之间的关联性和利益链

由于中国社会处于转型阶段，经济体制深刻变革，社会结构深刻变动，利益格局深刻调整，思想观念深刻变化，社会价值取向日趋多元化，民营企业与政府

的关系表现出加强的趋势。政治关联能够为民营企业带来资源、利益和机会，同时也可能为民营企业带来很大的成本，形成“扶持之手”和“掠夺之手”共存的局面。因此，政治关联可以为民营企业带来“扶持效应”和“掠夺效应”，两种利益相反的效应在中国政企关系中可能同时存在，形成动态演化和相互作用特征，并在一系列约束条件下达到动态均衡。

六、中国民营企业政治关联的策略

由于法律对私有财产的保护不力、过去长期的政治和意识形态歧视等原因，中国民营企业的生存和发展受到了政治因素及与当地政府关系的影响。因此，民营企业采取一定的政治战略处理与政府的关系对企业的生存和发展至关重要。民营企业为谋求有利于自己的市场环境而影响政府政策和建立政治关联的策略被称为企业政治策略，实施政治策略的行为被称为企业政治行为。民营企业政治策略和行为运用是否成功直接关系到其经营业绩和竞争力（Hillman 和 Hill，1999；Schuler，1996）。在中国转型经济背景下，政治关联构成了民营企业外在环境的重要部分，企业的政治行为和政治策略对于其竞争优势和生存发展都发挥着至关重要的作用。政治策略已成为中国民营企业取得成功的重要基础。在一些行业，民营企业从政治战略中获得的好处并不亚于它们从市场中获得的利润，因此在企业整体战略中把政治策略放在一个合适的位置甚至是突出的位置也就变得非常重要。

民营企业往往通过建立与政府官员的特殊个人关系来取得政府控制的资源和利益。同西方国家不同的是，中国民营企业政治策略的主体是单个的企业，政治战略的目标是谋取对企业本身的直接好处，而不是通过公共政策来谋取好处。这就是通常所谓的关系在中国目前商业活动中的重要性。虽然民营企业群体试图通过影响公共政策以达到自身目的的情况在近些年开始出现，但在中国转型背景下，通过民营企业群体力量来影响公共政策的效果是非常有限的。另外，民营企业之间的关系是松散的，要形成一致的意见和行动需要花费巨大的交易成本，甚至在许多情况下是不可能实现的。政治策略之所以在中国民营企业的战略构成中具有非常重要的地位，主要是由于人际关系的特殊性导向，以及政治和司法体制的特点决定的。中国人际关系的根本特点是差序格局，即人们会根据关系的亲疏远近来确定不同的对待方式（费孝通，1985），而不是像西方社会那样以普遍性的原则对待所有人。从国家的本质来说，西方国家是指一种抽象的、普遍性的或绝对的理念（Redding，1990），而中国则建立在儒家学说和泛家族主义传统的基础上，具有特殊主义的特点。这种特点同样反映在民营企业与政府之间的政治关联上。西方的司法体系是植根于宗教教义的自然法则的信念，而在中国法律制度的执行中存在过多的人为因素，甚至政府凌驾于法律之上，造成执法效率低下。政府对资源的分配也具有同样的特点，与政府关系紧密的民营企业可以得到更多的资源和商业机会。政府行为的任意性和随意性普遍存在，仍在相当程度上根据关系的远近亲疏而存在差别。更为糟糕的是，政府产品和服务还存在买卖关系和权钱交易，腐败现象在一定范围内仍然存在。因此，在中国这种文化和制度背景下，民营企业发展与政府及其官员的特殊关系具有十分重要的意义。

同时，中国转型经济的特点使民营企业把政治策略放在非常重要的位置。转型经济为民营企业经营带来了诸多不确定性，虽然这些不确定性随着市场化改革而逐渐降低，但行政管理带来的不确定性依然存在。行政管理的不确定性是指政府和执法部门工作的不透明性和不规范性带来的不确定性，这种不确定性是目前影响民营企业最重要的非市场因素，时时给民营企业经营带来不可预见的风险。政府对企业的监管在规则上呈现出模糊和不够细致的特点，在很多领域还存在规则空白，这种状况使得执行者在执行的时候自由裁决权相对较高，为政府官员和民营企业都提供了操作的空间。因此，对于民营企业来说，采取一定的政治策略处理与政府的关系对企业的生存和发展至关重要。Xin 和 Pearce（1996）的研究发现，与国有企业相比，民营企业把关系放在更加重要的位置，同时也在建立关系上投入更多的资源，以期得到从法律和正式制度中得不到的支持与保护。

尽管民营企业对政府存在着依赖关系，但并不是只能被动地接受环境，它们可以通过适应、运作、协调来改变政企关系。民营企业并不是只能对环境做出反应，而是可以积极地构建、干预和调整环境。民营企业一般不会被动地等待法律法规和政策的出台并接受其约束，而是会通过各种手段在政府政策与法规形成的过程中施加影响，从而创造一个有利的外部环境。

然而，并不是所有的民营企业都具有与政府搞好关系的能力，这取决于企业的实力、行业特征、背景、资源优势，甚至是企业家的年龄、经历和性格等因素。有些企业家能够非常积极地与政府建立良好关系，从而得到资源、良好的待遇和有效的保护；而有些企业家则只能消极地应付，希望政府少给他们找麻烦。相应地，可以把企业家的政治策略分为积极型策略和消极型策略两大类。在具体实践中，多数企业家会根据实际情况，把积极型策略和消极型策略结合起来择机使用。

行政权力对于微观经济活动的广泛干预会造成凭借权力取得“租金”（非直接生产性利润）的众多机会。这种“权力货币化”或“权力资本化”的制度安排，造成了广泛的寻租环境，埋下腐败蔓延的祸根。在转型时期，企业家如何处理政商关系，既是一个价值观的问题，又是一个技巧性的问题。“离不开，靠不住”——也许是一种很生动的心态描述。在中国，一个与政界绝缘的民营企业很难获得资源和实现超速成长，因此讨论政商关系“企业家应该离政治有多远”一直不是一个问题，真正的问题是“企业家应该离政治有多近”。

七、中国民营企业政治关联的渠道

（一）显性政治关联

显性政治关联是指民营企业家拥有一定的政治地位和身份或使政府拥有股权，从而与政府建立外显的联系。显性政治关联渠道是建立在法律和制度的基础上，政府和民营企业可以形成稳定的制度性联系。一般来说，中国的民营企业正式参与政治的渠道与方式主要有：①进入不同级别的人大、政协，成为人大代表或政协委员，这是建立政治关联最直接的方式；②在工商联、青联、妇联等社团组织担任一定职务，从而与政府部门接触；③加入中国共产党或民主党派，如中共十六大修改党章允许民营企业家阶层的优秀分子入党。中共党员意味着一定的政治地位，在充满了对民营企业怀疑、低信任和歧视的环境中，与执政党建立关系可以增强民营企业的可靠性和可信赖性。作为党员与政府、银行和国有企业打交道，民营企业家可以建立与核心政治、经济人物之间的稳定关系。而且，成为中共党员有助于结交其他党员和政府官员，从而为获得更高的政治地位提供机会(Li 等，2006)。民营企业家通过获得政治身份可以更方便地获取政府资源和政治保护，以提高企业价值和业绩表现。

通过这些显性政治关联渠道，民营企业可以接近政治权力中心，从而谋求利益和寻求保护。民营企业通过参与政治活动，可以在很大程度上提高自己的声誉和地位，不仅有利于获得政府资源，而且能够促进市场竞争力的提升，以实现企业利益和价值的最大化。

（二）隐性政治关联

隐性政治关联不是建立在法律和制度的基础上，而是建立在私人关系基础上，形成民营企业和政府之间非正式的柔性关系。这种政治关联属于非官方性质的，没有外在的合同来确立该关系，超出了制度保护的范围。

在中国，民营企业主要通过亲戚关系、朋友关系、同学关系和老乡关系等与政府及其官员（包括现任或前任的政府官员、人大代表或政协委员等）建立各种各样的联系。中国的民营企业家大部分是由国家产经部门官员和国企的高层管理人员摇身一变而成的，他们熟悉各个环节的情况，掌握着大量包括其亲友、同学、同乡、原同事、原上下级在内的人际关系资源。同时，中国很多民营企业热衷于通过邀请有影响的政治人物到企业任职来建立隐性政治关联，如聘请前任政府官员、人大代表或政协委员担任顾问等（Chen、Li 和 Su，2005）。这些政治人物表面上进入民营企业的决策层，实际上是充当民营企业和政府实现政治关联的媒介和通道，从而获得政府的支持和保护。另外，民营企业还有很多其他渠道与方式和政府建立联系，如与政府领导人保持经常的私人联系、捐赠、参与公益事业等。隐性政治关联渠道广泛地扩展了民营企业和政府之间的关系，使政企关系融合在整个社会体系中，成为民营企业重要的资源。然而，由于隐性政治关联不受法律和制度的保护，相关政府官员的卸任意味着通过该隐性政治关联渠道得到的利益将可能消失。

（三）政治关联渠道的层次性

由于中国政府机构存在层次性，从中央到地方表现出等级次序和不同的利益划分，从而对民营企业的政治关联产生深刻的影响。中国民营企业的政治关联可以划分为两个层次：高层次政治关联和低层次政治关联。高层次政治关联是指民营企业与中央和区域的政府及其官员（包括中央党政机构、军方机构、省部级政府、民主党派中央等）建立政治关系，而低层次政治关联是指民营企业与地方性政府及其官员（包括地市级、县级、乡镇级和村级）形成密切的关系。这两种政治关联渠道具有明显的差异性，并对民营企业的生存和发展产生不同的影响效应。

高层次政治关联能够在更大的范围内和更深的层次上为民营企业提供便利和支持，因为高层次的政府机构掌握着更多的资源和商业机会。具有较高层次政治关联（如中央和省级政府等）的民营企业将有可能得到更多的政治保护和特权，如获得进出口许可证、充足的银行贷款和利润丰厚的公共产品合同等。一般大型的民营企业倾向于通过各种途径建立高层次政治关联，以在更广泛的范围内调动资源，促进民营企业的快速发展。

然而，尽管低层次政治关联（如地方政府）对民营企业的保护能力相对较弱，但对民营企业支持的动力比较充足，依然有利于提高民营企业的运营效率和利润水平（Cheung 等，2008）。这是因为，在中国财政联邦主义制度下，地方政府不存在下级政府分享税收的情况，它们的利益往往与民营企业的利益具有一致性，因此地方政府具有更强的动力来支持民营企业的发展。为了促进地方经济的发展，地方政府具有扶持民营企业的强大动力，从而制定了相对灵活和优惠的政策措施，吸引民营资本到其辖区内投资。

从权距的角度看，拥有高层次政治关联的民营企业与政府的权距要远大于拥有低层次政治关联的民营企业与政府的权距。因此，地方政府与民营企业的紧密程度要大于中央政府与民营企业的联系，民营企业通过与地方政府建立密切的关系可以形成稳定的利益集团。由于民营企业追求政治关联的内在动因是为了寻求利益和政治庇护，民营企业具有强烈的积极性来发展各层次政治关联关系，包括党派、中央政府、地方政府和军方等，以营造有利于自身发展的外部环境。

八、研究政治关联的一个新框架

一种中国企业非常重要的政治关联渠道，是民营公司在公司所有权安排中有意引入国有股权或买壳上市时保留一定比例的国有股权。对于民营公司的这种所有权安排的动机，以及国有股权在民营控股公司中的股东行为及其效用，学术界在这方面的研究基本还是空白。那么，在中国这么一个投资者法律保护薄弱的国家里，民营公司在公司所有权安排中有意引入国有股权或买壳上市时保留一定比例的国有股权究竟能否真正起到支持公司经济绩效增长的作用呢？民营公司所有权安排的这种目的和民营企业家的政治参与这两种作用机制之间是否也可以相互替代呢？由于国有企业在股权结构上与政府有着天然的联系，因此，有时候不太好区分企业获得的额外利益是来自民营企业的主动政治关联活动还是来自国有企业大股东的政府背景。在此情况下，特别是在那些法律制度不健全的转型国家，研究民营企业的政治关联将更具有理论和现实意义。

在民营经济发展受到的诸多约束中，很重要的约束是融资的困难。在中国，民营企业获得融资的难度远高于国有企业，为缓解融资困难，民营企业引入或保留国有股东就能起到很好的作用。在中国，国有股权是一种重要的声誉机制。这是因为，国有股东发挥了传递企业获得政府支持及企业实力信号的作用，有助于企业获得额外的发展机会和金融资源，促进民营企业的发展。政府管制是中国市场垄断程度较高行业的主要壁垒，管制性壁垒应成为民营企业进入政府管制行业的研究重点。在中国经济的转型过程中，由于政府的干预和市场的不完备，不同所有制的企业在市场中进行着不公平的竞争。正因为这样，尽管面对很高的管制性壁垒的限制，民营企业还是想方设法地通过各种策略进入这些政府管制行业，以在垄断行业的超额利润中分得“一杯羹”。而在进入管制性行业的过程中，政府自然而然地成为问题的核心，民营企业引入或保留国有股东，这将有助于企业进入政府管制性行业。

民营企业引入国有股权在促成某项交易活动的达成和有效实施过程中能起到关键性的作用。由于中国的经济体制特点，国有股权的性质决定了其与政府保持者天然的直接或间接关系。国有股权在民营企业中的存在，无疑会给民营企业起到制度层面的声誉担保作用。民营企业引入国有股权对企业的影响表现在：企业不仅可以利用国有股权在产权保护、资源获取、融资便利、进入政府管制性行业以及促进企业的多元化投资等方面获得诸多优惠，而且在企业经营过程中如果出现困难，具有国有股权的民营企业可以直接利用政治权力减少经济损失，甚至可能通过影响法规使政府通过行政手段，保证企业的顺利运行。国有股权的这种政治关联是在制度层面，所起的作用可能远超表面层次上的民营企业家的参政作用。

我们的研究是从新的视角开拓民营企业的政治关联研究的新领域，从理论与实证层面深入探讨民营企业引入国有股权的所有权安排动机，对国有股权在民营控股公司中的股东行为及其影响机制，以及民营企业在所有权上的这种安排和民营企业家的政治参与这两种作用机制的效果是否具有替代效应展开深入研究。这是在以前的企业的政治关联类文献中从未出现过的研究思路，对这些问题的研究，有助于更准确地理解和把握企业政治关联的内在逻辑，丰富发展企业政治关联在公司金融学领域的研究内容。同时，可在一定程度上回答 Allen 等（2005）提出的“中国之谜”的命题，也有助于从各种视角解释民营企业在各种制度不完善的情况下，仍能得到迅速发展的内在机理。而且可为政府部门思考如何进行制度建设，改善民营企业发展环境提供新的理论依据。总之，这些研究无论是对民营企业的理论研究与政策实践，还是对丰富学术文献都有重要的意义。

民营企业引入或保留国有股权，是不同于民营企业通过高管与政府建立政治关联的渠道，股权是代表企业控制权和所有权的，是从制度层面上建立了民营企业与政府的直接联系，这是两者之间最根本的差异，但是两者在对民营企业的作用上还是有相似之处的，表 2-1 表示民营企业两种政治关联的一些不同点：

表 2-1 民营企业不同政治关联方式的差别研究

<table>
<tr><td></td><td></td><td>高管政治联系</td><td>引入国有股权</td></tr>
<tr><td rowspan="4">不同点</td><td>渠道</td><td>通过高管参政，雇用前政府官员，与政府处理好个人关系等</td><td>通过引入或保留国有股权方式</td></tr>
<tr><td>性质</td><td>非制度性的</td><td>制度性的</td></tr>
<tr><td>方式</td><td>民营企业→企业高管→政府（间接）</td><td>民营企业→政府（直接）</td></tr>
<tr><td>途径</td><td>外部政治家为主</td><td>企业内部的国有股东</td></tr>
<tr><td>待研究</td><td colspan="3">（1）内部机制的不同之处：国有股东在企业的作用机理，董事职能
（2）国有股权对企业的影响：整体绩效、融资便利、政府补贴、税收、多元化等</td></tr>
</table>

可以把民营控股公司的政治关联分为引入国有股权和民营企业家参政两种类型。我们将民营上市公司样本分为四组：①在股权安排中引入或保留国有股权（国有股东为第二大股东，或虽然国有股东为其他参股股东，但依其持有的股份在公司董事会中拥有代表董事的国有股东）；②民营企业家直接政治参与（如成为人大代表、政协委员）；③前述两种情况都有的民营控股公司；④没有任何政治关联的民营控股公司。已有大量文献对第二组情况的样本公司进行了实证分析，来研究民营企业政治关联对企业的影响，因此，本书主要的研究视角放在对第二组情况的样本公司进行实证研究，来探讨引入国有股权的民营控股公司所拥有的政治关联对企业的影响。此外，还将通过对第一组和第四组情况的样本公司、第一组和第二组情况的样本公司进行对比分析，来研究两种政治关联途径对民营控股公司在融资便利、行业准入、多元化发展以及公司整体绩效的差异性。并且拟通过对第三组情况的样本公司进行计量建模，来分析研究两种政治关联途径是否存在替代效应或者互补效应。具体研究内容如下：

（1）民营控股公司所有权安排中引入国有股权或保留一定比例的国有股权的动机。国有股是指有权代表国家投资的部门或机构以国有资产向公司投资形成的股份。国有股一般由国务院授权的部门或机构持有，或根据国务院的决定，由地方人民政府授权的部门或机构持有，具体持股主体包括省政府、行业主管部门、国资局、国有资产管理公司、集团公司等。从理论上讲，全国的公民是国有股的终极所有者，但全民是整体性概念，无法真正人格化到一个具体的自然人身上。

由于国有股有效持股主体出现缺位，出资人权利只能通过特殊的多级委托—代理关系由政府官员代为行使，因此，国有股权与政府有着天然的联系。在社会主义体制中，政府的权威是基于它对资源和机会的垄断，并由政府官员阶层来维持和强化。尽管有学者（Boardman 和 Vining，1992；Nellis，1994）认为，民营企业在公司治理方面有一定的优势，如更加完善的经理人市场以及以利润为导向的监督者，但在中国经济体制下，不可否认国有股权在产权保护、获取资源、融资便利、行业扩张等经营战略方面有着先天优势，引入国有股权正是民营企业政治关联的重要渠道。国有股权所带来的社会资本包括社会声誉，除了用来抵消制度环境的部分负面效应外，对于其包括融资便利、进入行业壁垒、多元化发展、应对其他民营企业竞争等经营战略都可能带来好处。所以，民营控股公司为了获得这些好处可能有意在公司所有权安排中引入国有股权或保留一定比例的国有股权，但关于此方面的研究目前还比较匮乏，有待更加深入的研究。

（2）国有股东在民营控股上市公司中的股东及董事行为。政府是企业的外部利益相关者，董事会是企业建立和保持政治关联的主要渠道。中国民营控股公司可以通过国有股东、董事会等政治关系渠道，与政府建立关系，并构建企业声誉机制。首先，中国民营控股公司可通过国有股东的股东性质与政府保持天然的直接或间接的关系。其次，中国民营控股公司可通过利用董事会中代表国有股东的董事的影响来帮助自己抵消制度环境的部分负面效应，或争取以最小的代价获取最大的利益。

企业产权理论认为，股权结构（产权安排）作为企业事前融资双方博弈的结果，将对一个企业的基本制度产生重要影响。通过产权的安排，企业确立了一个正式的权威。大股东股权的性质与背景决定了股权制衡的形成，Gomes 和 Novaes（2005）认为股权制衡的企业股东大多有相同的背景。在民营控股公司中，第一大股权都是由家族或者自然人控制，而作为主要参股股东的国有股权主要是由政府和国有法人控制，在国有股权不占绝对控股地位的情况下，其所起的制衡作用相当有限。另外，现有的股权制衡理论模型大多使用非合作博弈的工具进行研

究，无法对民营控股公司中的国有股东行为进行理论阐释。

我们认为民营企业通过引入国有股权的主要目的是努力建立与政府之间的“共生关系”，为企业的发展营造适宜的政治生态。民营企业通过经济及政治的关联直接参与政府的区域发展计划，也在一定程度上承担了地方经济发展的责任。实际情况也表明，为了获得政府提供的各种优惠政策，从中获得巨大的经济利益和政治资源，民营企业更愿意介入政府的事务中，设法使自己的企业带有官方色彩，树立良好的社会形象，提升民营企业家个人的社会地位。同时，在利益动机的驱动之下，地方政府（或国有企业）也会在新的体制框架中寻求与民营企业建立新的联系。通过反复博弈，民营企业与政府（或国有企业）之间倾向于建立一种双赢的合作关系。在此情况下，博弈双方的利益都有所增加，或者至少是一方的利益增加，而另一方的利益不受损害，因而整个社会的利益有所增加。

另外，在现代公司的委托—代理关系链中，董事会由股东大会直接选举产生，直接代表股东利益行使权力。代理理论认为，董事会的主要职责就是监督经理阶层可能出现的机会主义行为。资源依赖理论认为，董事会的另一个重要职能是资源配置。一些持利益相关者理论的学者（Hillman、Keim 和 Luce，2001）也有类似的看法，资源配置职能直接涉及董事会如何分配利用资源到公司。这里的资源是指对于一个既定公司的任何使其更加壮大或削弱的东西（Wernerfelt，1984）。这些学者认为董事会可提供四个基本好处：①建议和咨询；②保障合法性；③建立公司与外界沟通的渠道；④容易得到公司外部因素的支持。在 Hillman 和 Dalziel（2003）的模型中，董事会中董事的职能被抽象为两个主要职能：监管和提供资源。对于国有股不占控股地位的民营上市公司来说，代表国有股的董事所起的主要作用可能更多的是提供资源而不是监管，这也可能正是民营企业家所需要的结果。

因此，国有股东在民营控股上市公司中的股东行为可能与现有的股权制衡理论有完全不同的表现，而代表国有股的董事所起的主要作用也可能更多的是提供资源而不是监管经理层，这与经典的委托—代理理论不符，可以尝试用合作博弈的新视角来研究民营控股公司中的股东，特别是不占有绝对控股地位的国有股股东行为，同时对代表国有股的董事所起的主要作用展开深入分析，力争对现有理论进行有益补充，更加丰富学术界对公司理论的认识。

（3）民营控股上市公司引入或保留国有股东的效果研究。民营企业家参政与公司绩效的关系已有很多学者进行了实证方面的研究（Chen 等，2005；Bai 等，2006；潘红波等，2008；罗党论等，2009），学者们普遍认为民营企业家政治参与能够为公司绩效带来正面影响。我们认为，民营控股公司采取引入或保留国有股东这样的行为同样可能在很大程度上起到民营企业家的政治参与作用，甚至民营企业采用这种政治关联方式所起到的作用可能超过民营企业家参政的作用。由于中国的经济体制特点，国有股权在民营企业中的存在无疑会给民营企业起到声誉担保作用。在促成某项交易活动的达成和有效实施过程中，国有股权的存在都会起着关键性的作用。另外，民营股权和国有股权这种混合的产权模式所产生的“共生关系”效应，在制度层面可能比民营企业家仅是一个人大代表或政协委员所产生的声誉效果要更能为社会所接受，并且所获得的社会资源更多，政府可能在政策扶持力度方面也更加大胆。因此，根据笔者的分析，民营企业引入国家股权所起到的政治关联的效果在某种程度不仅能够替代民营企业家的政治参与，而且很有可能起到其他一些民营企业所不能达到的其他效果。

第三章 民营上市公司高管政治关系与绩效研究

一、引 言

在中国，公司的政治关系表现为公司或是公司的高管与政府部门之间存在某种联系，主要体现在以下几个方面：一是公司的高管的政治经历，表现为公司高管曾经在政府部门任职；二是公司高管的政治身份，表现为公司高管正在政府部门任职；三是公司本身具有政府背景，如由政府出资成立的公司。对于国有上市公司来说，公司的政治关系更多体现在公司本身的政府背景，而对于民营上市公司来说，更多体现在公司高管的政治关系，即公司高管的政治经历和政治身份。近几年来，随着国内学者对公司政治关系的关注，形成了一系列关于公司政治关系与公司绩效的实证研究成果，使之成为当前财务和金融研究的热点问题，逐步形成一个崭新的研究领域。正是基于这样的背景，本章将从另外一个角度来着重分析公司高管政治身份、政治经历这类高管政治关系与公司绩效之间的相关性，并将公司高管获取政治身份视为一种激励方式，研究公司高管的政治激励与公司绩效之间的关系。

二、相关文献

近年来，国内的学者也开始重视高管政治关系对上市公司绩效的影响，研究的结论并不一致。陈冬华（2003）指出，公司董事会成员有政治关系的公司更容易获得政府的财政补贴。Fan、Wong 和 Zhang（2007）以 1993~2001 年的 A 股上市公司为研究对象，分析了总经理的政治关系对公司 IPO 后绩效的影响，发现政治关系更多地反映在政府对公司的干预上，给公司绩效带来一定程度的损害。吴文锋、吴冲锋和刘晓薇（2008）以民营上市公司为研究对象，发现高管的政治关系能给民营上市公司带来绩效创造。

然而，“关系”对企业的重要性并不只是“中国特色”，Faccio（2006）指出，政治关系对企业的影响是一个世界性的问题。Fisman（2001）发现，上市公司高管的政府背景是一种有价资源。Johnson 和 Mitton（2003）对马来西亚的上市公司做了实证分析，发现拥有政府背景的管理层能够让公司享受更低的税率，以及更容易地获得融资等优势。Claessens、Feijend 和 Laeven（2008）对巴西上市公司在政府选举前后的股票市场做了对比分析，发现巴西选举中公司的政治捐赠显著影响到公司股票的市场表现，两者呈现出正相关关系。美国也同样存在这样的关系，Ang 和 Boyer（2007）通过对美国上市公司的研究发现，公司高管的政治关系可以为公司获得政策性的优势。

值得注意的是，国内外关于政治关系与公司经营之间关系的文献中，几乎都是从公司的政治关系出发，来分析这种政治关系会对公司产生什么样的影响。与以前的研究不同的是，本章着重研究公司高管政治身份这类政治关系，并将公司高管获取政治身份视为一种激励方式，基于这种政治激励的视角来分析这种潜在的政治晋升激励是否对公司高管具有显著的作用，并分析公司绩效对公司高管获取政治晋升的影响。

目前，国内仅有少许学者注意到了政治激励的重要性。例如，宋德舜（2004）从国有企业董事长和总经理的政治激励出发，分析了政治激励对国有企业绩效的作用，发现董事长是公司的最高决策者，除了政治激励能显著改善绩效外，最高决策者的金钱激励、债权人治理等都不能显著改善公司绩效。宋增基等（2011）分析了国有上市公司高管政治激励、物质报酬对公司绩效的影响，国有上市公司董事长更关注政治激励，总经理更关注物质激励，并且政治激励和物质激励之间存在替代关系。

然而，国内关于政治激励重要性的研究全都集中在国有企业上，民营企业高管政治激励的研究几乎没有涉足。中国作为一个从中央高度集中的计划经济转轨到市场经济的国家，国有企业的高管由政府直接任命，这种任职的方式导致了国有企业高管身份具有一定的政治色彩。民营企业的终极控股权为个人，高管的任命不受制于政府，且民营企业不用承担国有企业的“社会功能”，政府对企业经营的干预也没有国有企业强烈。因此，我们选取民营企业为研究对象，分析民营企业高管政治激励对民营企业发展的作用，能避免国有企业本身与政府存在的密切关系的影响，更加具有说服力。

这里将以 2005~2009 年在沪深两市上市的民营公司为研究对象，实证分析民营上市公司高管政治激励与公司绩效之间的关系。首先分析了民营上市公司的绩效与高管获得政治身份的相关性，其次分析了民营上市公司高管的政治激励对民营上市公司绩效的影响。研究结论发现，公司高管的政治激励是有效的，公司绩效、公司规模等都显著影响民营上市公司高管的晋升，反过来公司高管的政治激励与公司的绩效之间也存在微弱的显著关系。

本章余下部分安排如下：第三部分为理论分析与研究假设，第四部分为研究设计，第五部分给出了实证检验，第六部分对本章进行总结。

三、理论分析与研究假设

（一）民营企业高管政治激励的重要性

随着中国民营经济的发展，民营企业在经济领域内扮演着重要角色，对中国经济的发展起着重要作用，政府对民营企业高管的激励就显得越发重要，而这种激励不应该单纯局限于物质激励。

一方面，人的需求是多层次的，不仅有物资利益方面的需求，还有精神方面的需求（Maslow，1943）。从中国文化的历史来看，权力和成就往往成为了中国人的精神需求，它们对中国人来说具有很大的吸引力。中国是个有着很长封建社会历史的国家，人们的等级观念、对权力的渴求程度都不同于其他国家。这种思想在一定程度同样会被上市公司高管接受，即他们对于权力、成就有更高的渴望。这也提示我们，如果在合理的范围内建立给民营上市公司高管提供更多权力并使其实现成就的政治激励机制，就能有效地提高他们经营公司的积极性。

另一方面，根据组织行为学，高管的努力程度直接取决于组织的激励强度与个人的工作能力。然而，个人的能力在一定时期内是比较稳定的，因此决定高管努力程度的关键在于激励的强度，高管的需求偏好以及实现这些需求的概率又决定了激励的强度（黄江泉、蔡根女，2009）。每个人的需求偏好存在差异，对公司高管的激励机制应该多样化，以满足高管的多样性需求。所以，在对公司高管实施激励的时候，不能只局限于物质激励，政治激励同样重要。

（二）民营企业高管政治身份的重要性

在分析民营企业政治身份之前，要区分国有企业和民营企业政治身份的差异。以前的文献多以国有企业为研究对象，其高管由政府直接任命，往往附带着相应的行政级别，所以国有企业高管的政治激励通常是将公司经营能力较强的高管由下向上调动，这种升迁既可以在公司内部完成，也可以在不同公司之间完成。民营企业的最终控制人为个人（董事长），且不具有行政级别，对民营企业高管的激励主要是任命民营企业高管担任人大代表或政协委员。例如，1998 年新希望集团董事长刘永好当选为全国政协常委；2004 年重庆力帆集团董事长尹明善当选为重庆市政协副主席，随后又当选为全国政协常委；2004 年浙江传化集团董事长徐冠巨当选为浙江省政协副主席。正是由于中国的特定环境，民营企业的发展不能像国有企业那样与政府的关系十分密切，所以民营企业高管的政治身份就显得特别重要。

一方面，民营企业的产权保护得不到政治的支持，缺乏“政治名分”的现象严重阻碍了民营企业的发展（周林彬、李胜兰，2003）。改革开放之初，中国存在着“姓资姓社”的争议，我国对民营企业在法律上缺乏有效保护，在意识形态上存在着偏见，民营企业的发展受到限制。虽然这种局面已经逐步好转，但这种歧视不可能在短时间内消除，民营企业产权得不到保护，民营企业缺乏“政治名分”。在这种情况下，民营企业高管的政治身份能部分替代法律为民营企业提供产权保护（胡旭阳，2006）。民营企业高管通过政治身份与政府保持良好的关系，不但能减少来自地方政府的权利侵害（乱收费、乱摊派行为等），还能借助政府的力量减少来自其他企业的权利侵害（假冒产品等）。

另一方面，民营企业高管的政治身份可以降低政府行政壁垒，使企业在政府管制的经济活动中获得更多便利和优势。随着市场化改革的进一步深入，政府对企业经营活动的干预有所减少，但还没有消除这种干预，具有政治身份的高管会更了解政府的政策动向，为企业在制定发展规划、用地审批、税收优惠等方面提供便利。除此之外，民营企业高管凭借其在政府职能部门的特殊地位，建立了有效的“政治网络”，对于企业业务和地域多元化均有积极的促进作用（巫景飞等，2008）。

（三）研究假设

对公司高管的激励应该具有多样性，且政府作为当地民营企业发展的受益者，是有动机对民营企业实施激励的（Che 和 Qian，1998）；另外，民营企业高管为了使企业产权得到保护，并能降低政府行政壁垒，是有动机去获取政治身份的。但民营企业高管的晋升机会与哪些因素存在相关性？民营企业的绩效是否能影响高管的晋升可能性？另外，我们知道民营企业高管的政治身份会带给民营企业政治优势，为了获取潜在的政治优势而建立的政治激励是否能有效转化为企业绩效？下面结合具体的环境提出我们的研究假设。

在我国，民营上市公司高管的政治身份是通过选举产生的，民营企业高管要获得政治职位就必须增加自己的政治影响力。换句话说，民营上市公司需要加强公司的社会资本（张文宏，2003）。一般认为，民营上市公司规模越大，政治影响力就越大（胡旭阳，2006）。此外，政府部门对民营企业的考察或许更多地注重公司的盈利能力，公司盈利能力越强，当地政府越愿意支持公司的发展，公司高管也越会得到政府部门的信任，获取政治身份的可能性就越大。因此，提出如下假设。

H1：民营上市公司规模和公司绩效能显著影响公司高管政治上的晋升机会。

政治激励作为政府部门对高管的激励方式，民营企业高管在经营的过程中有机会获得政治身份，民营上市公司高管就会认真经营公司以满足其精神层面的需求。从公司自身发展的角度来说，民营企业的发展离不开政府的支持，如果高管具有政治身份，能对公司的产权进行更好的保护以及可以降低政府行政壁垒，为了获取潜在的政治利益，高管就会更加努力地经营公司。因此，提出如下假设。

H2：高管的政治激励能够有效提高民营上市公司绩效。

值得注意的是，我国自改革开放以来出现了三次政府官员的“下海潮”，最早一轮发生在20世纪80年代，在“政企分离”的背景下，大批政府官员被调离到原单位的下属国有企业；第二轮发生在20世纪90年代，在“南方谈话”的背景下，大批政府官员选择自主创业；第三轮发生在中共十六大以来，以浙江、广东为代表的大批政府官员选择到民营企业做“高级打工者”。所以，民营企业高管往往本身具有政府任职经历，自身和政府的关系比较密切。一方面，具有政府任职经历的民营上市公司高管能通过自己的“政治网络”在一定程度上保护公司的产权和降低公司的行政壁垒；另一方面，与没有政治关系的高管相比，他们更容易得到政治晋升，再次获取一定的政治身份。因此，提出如下假设。

H3：政治经历有利于民营上市公司绩效，且有助于民营上市公司高管的政治晋升。

由于资源、国家政策以及地理位置等的不同，我国各个地区的市场化程度存在一定的差异性（樊纲、王小鲁，2004），而考虑市场化程度的一个重要指标就是政府干预强度。换句话说，对于市场化程度高的区域，政府对于企业经济的干预较少；而对于市场化程度低的区域，政府对于企业经济的干预较多。如果政府过度地干预某一地区的经济活动，由此导致民营企业的产权得不到有效的保护，在发展规划、用地审批、税收优惠等方面也容易受到地方政府支配，并且民营企业还可能承担一定的“社会功能”。然而，政府对经济的干预越强烈，企业和政府之间的关系就越紧密，民营企业高管获得政治晋升的可能性就越大。因此，提出如下假设。

H4：政府干预不利于民营上市公司绩效，但有助于民营上市公司高管的政治晋升。

四、研究设计

（一）研究样本与数据来源

本章选择的样本为2005~2009年沪深交易所上市的最终控制人为个人的A股民营企业，采用横截面和时间序列数据两种方式。其中剔除金融行业的公司，剔除其间发生重大资产重组的公司和其间被ST（特别处理）、PT（特别转让）的公司，剔除数据缺失的样本后，一共得到1889个样本。数据来源于CSMAR数据库、色诺芬数据库，以及上市公司的年度报告和招股说明书。

（二）变量设计

1. 被解释变量

晋升机会（Politic）表示民营上市公司高管获取政治身份的可能性，选取虚拟变量来描述，如果民营上市高管通过选举担任人大代表或政协委员，则取值为1，否则为0。

公司绩效以资产收益率（ROA）代替，其值等于公司净利润与总资产的比值。

2. 解释变量

政治经历（Experience）表示民营上市公司高管曾在政府部门任职，用虚拟变量来描述，即民营上市公司高管是曾经任职于政府职能部门的官员，那么就存在政治关联。若民营上市公司高管曾在中央政府职能部门任职则取值为3，若曾在省级政府职能部门任职则取值为2，若曾在市级、区县级政府职能部门任职则取值为 1。考虑到不同的政治经历的作用可能不是线性递增的，因此使用平方数来反映这种级数方式递增的作用。例如，对于曾在县级政府职能部门任职的，该变量取值为 1；而对于曾在中央政府职能部门任职的，该变量取值为 9。

政府干预强度（GovIdx）采用樊纲和王小鲁（2004）编制的“减少政府对企业干预”分指标。

关于政治激励变量的描述与宋增基等（2011）关于国有高管激励类似，使用了高管的个人动态特征变量，即用民营上市公司高管的年龄（Age）、任期（Tenure）和学历（Diploma）等来描述。其中年龄选用虚拟变量，考虑到我国对实际退休年龄的规定，选取 50 岁为分界点，若年龄大于 50 岁则取值为 1，否则为 0；任期为民营上市公司高管已在任的年数；学历层次也是考虑政治激励的一个重要指标，在这里选用虚拟变量，若民营上市公司高管的学历为本科及以上则取值为 1，否则为 0。

3. 控制变量

除了政治经历、政府干预和政治激励外，公司的外部特征可能也会影响民营上市公司的绩效和公司高管的政治晋升。为了更确切地描述政治激励、公司绩效之间的关系，在这里选择以下变量作为回归分析的控制变量，公司规模（Size）（取总资产的自然对数）、股权结构（Top1）（考虑第一大股东的持股比例）、资产负债率（Leverage）、年度（Year）和行业（Industry）。变量的具体定义见表 3-1。

表 3-1 主要变量定义及其计算方法

变 量	含 义	计算方法
Politic	晋升机会	虚拟变量，若当年获得晋升，则取值为 1；否则取 0
ROA	公司绩效	净利润/总资产 × 100%
Experience	政治经历	根据高管曾任职情况分别取值 1、2、3，并取其平方数
GovIdx	政府干预强度	采用樊纲和王小鲁（2004）编制的“减少政府对企业干预”分指标
Age	年龄	虚拟变量，若高管年龄大于 50 岁，则取值为 1；否则取 0
Tenure	任期	高管已任职的年限
Diploma	学历	虚拟变量，若高管的学历为本科及以上，则取值为 1；否则取 0
Size	公司规模	公司总资产的对数值
Top1	股权结构	第一大股东持股比例

续表

变　量	含　义	计算方法
Leverage	财务杠杆	总负债/总资产
Year	年度	本章研究区间共 5 年，设置 4 个年度虚拟变量
Industry	行业	行业虚拟变量

（三）模型建立

为了验证假设是否成立，我们采用如下回归模型进行检验：

模型（1）：

$$Pro(Politic = 1) = \ln(Pro/(1 - pro)) = \alpha + \beta_1 ROA + \beta_2 Experience + \beta_3 GovIdx + \beta_4 Size + \beta_5 Top1 + \beta_6 Leverage + \beta_7 Year + \beta_8 Industry + \varepsilon$$

模型（2）：

$$ROA = \alpha + \beta_1 Age + \beta_2 Tenure + \beta_3 Diploma + \beta_4 Experience + \beta_5 GovIdx + \beta_6 Size + \beta_7 Top1 + \beta_8 Leverage + \beta_9 Year + \beta_{10} Industry + \varepsilon$$

在模型（1）中，检验了公司绩效与公司高管政治晋升可能性之间的关系，考虑到政治晋升变量为 0、1 变量，因此我们使用了 Logistic 模型，并将高管的政治经历变量和政府干预变量加入模型中，试图分析决定公司高管晋升的影响因素。

在模型（2）中，使用了多元线性回归模型，检验了政治激励与公司绩效之间的关系。以高管年龄、任期、学历描述高管的个人动态特征，试图分析高管的潜在晋升机会是否对公司的绩效产生显著影响，间接反映民营上市公司高管的政治激励是否有效。同时，也检验了高管的政治经历与政府对公司的干预对公司绩效的影响。

五、实证检验

（一）变量的描述性统计

表 3-2 给出了变量的描述性统计，在这里首先按照年度的选取不同，对比分析高管的政治身份数量。其次对具有高管政治身份的按照任职部门的不同，对比分析不同职位的任职情况。最后对各个变量做变量的描述性统计。

表 3-2 变量的描述性统计

Panel A：高管政治身份按年度划分						
年度	2005	2006	2007	2008	2009	合计
总样本数	278	314	332	397	568	1889
高管政治身份样本数	158	194	202	248	369	1171
占总样本数比例	56.83%	61.78%	60.84%	62.46%	64.96%	61.99%

Panel B：高管政治身份按类型划分			
类型	全国人大代表或政协委员	省级人大代表或政协委员	市级、区县级人大代表或政协委员
样本数	566	264	341
占样本比例	48.33%	22.54%	29.13%

Panel C：其他变量					
Variable	Mean	Std. Dev.	Min	Median	Max
ROA	0.03	0.08	-0.24	0.04	0.48
Age	0.47	0.14	0	0	1
Tenure	5.67	1.26	1	8	16
Diploma	0.67	0.14	0	1	1
Experience	0.21	0.13	0	0	1
GovIdx	7.67	3.03	0	7.71	15.78
Size	21.36	1.31	17.91	22.02	25.67
Top1	0.39	0.14	0.04	0.29	0.72
Leverage	0.59	0.29	0.02	0.53	0.79

从表 3-2 可知，民营上市公司高管大多具有政治身份，比例高达 61.99%，其数量基本相当于没有政治身份高管的两倍，说明在我国的确存在大量的民营上市公司高管在政府职能部门任职的现象，对民营上市公司高管的政治晋升激励的研究具有现实的意义。从历年的数据来看，具有政治身份的高管占当年总样本的比例呈现总体上升的趋势，这在一定程度上反映了民营上市公司高管越来越重视对政治身份的追求。从高管任职的情况来看，48.33%担任全国人大代表或政协委员，间接地反映了民营上市公司对经济的贡献作用并不止局限于当地，随着民营上市公司的社会影响力增加，民营上市公司高管更容易获得成为全国人大代表或政协委员的机会。同时，也说明了民营上市公司高管更多的是追求有较大政治权利的全国人大代表或政协委员的身份。另外，表 3-2 中有政治经历的高管平均比例为 0.21，说明我国民营上市公司中有少部分高管存在政治经历，同时我国的政府干预情况在部分地区还比较严重。

（二）变量的相关性分析

表 3-3 给出了各个变量之间的相关性分析。

表 3-3 各变量之间的相关性

变 量	Experience	GovIdx	Age	Tenure	Diploma
Experience	1				
GovIdx	0.153	1			
Age	0.117	0.107	1		
Tenure	0.135	0.154	0.033*	1	
Diploma	0.059	0.085	0.016*	0.042	1

注：本章采用 Pearson 检验，*、**、*** 分别表示 10%、5%、1%的显著性水平。

由表 3-3 可知，民营上市公司中政治经历变量、政府干预变量与高管的政治激励变量之间不存在显著的相关性，这是由于高管的政治经历为高管曾在政府部门任职情况，而政府干预是政府行为，它们都与高管的个人动态特征没有必然的

联系。另外，高管的年龄与高管的任期和学历存在微弱的相关性，高管的年龄和任期正相关间接地反映了在民营上市公司中缺乏高管的变更激励，民营上市公司高管很难被更换，高管任期自然随着年龄增加而增加。高管的年龄和学历也存在正相关关系，这间接说明了民营上市公司高管普遍认识到知识的重要性，部分学历低的高管愿意返回学校继续学习。最后，由于各个变量之间的相关系数不高，这意味着这里所选取的变量的重叠性较低，不存在多重共线性问题。.

（三）回归结果分析

1. 公司高管晋升的影响因素

首先，对公司高管晋升的影响因素做回归分析，回归分析结果如表 3–4 所示。

表 3–4　公司高管晋升的回归分析结果

变量	ROA（当年）	ROA（一年前）	ROA（两年前）	Experience	GovIdx	Size	Top1	Leverage	R-Square	Fixed effects
（1）	0.356* (0.086)	0.144*** (0.000)	0.133*** (0.001)			0.365*** (0.003)	0.406 (0.105)	0.379 (0.107)	0.685	Year and Industry
（2）	0.401* (0.078)	0.139*** (0.000)	0.148*** (0.003)	0.324*** (0.003)		0.598** (0.029)	0.434* (0.096)	0.363 (0.113)	0.674	Year and Industry
（3）	0.348* (0.056)	0.120** (0.025)	0.129** (0.034)		−0.062*** (0.007)	0.509** (0.047)	0.399 (0.214)	0.277* (0.064)	0.668	Year and Industry
（4）	0.416* (0.077)	0.165** (0.023)	0.141** (0.036)	0.695*** (0.002)	−0.047*** (0.005)	0.696** (0.049)	0.281 (0.318)	0.345 (0.184)	0.683	Year and Industry

注：截距项省略，括号内为 p 值，*、**、*** 分别表示 10%、5%、1%的显著性水平。

从表 3–4 中可知，无论是否加入政治经历变量和政府干预变量，公司绩效的回归结果都显著影响民营上市公司高管的晋升。并且从绩效的年份来看，晋升前两年的公司绩效对晋升的影响比晋升当年更加显著，这表明民营上市公司的经营绩效的好坏将影响公司高管获取政治身份的可能性，且在对公司高管的经营能力进行评价的时候，更多的是关注他曾经的努力对公司创造的价值。

从政治经历变量的显著性可知，曾在政府部门任职的高管更有可能获得政治上的认可，他们更容易利用自己的“政治网络”使自己再次获取政治身份，这种政治关系的效用显著影响高管的晋升机会。从政府干预变量来看，一方面，政府干预变量显著为负，表明政府对企业的干预强度越大，民营上市公司高管晋升的机会就越小；另一方面，从表 3-4 中的（3）、（4）和（1）、（2）对比可知，当加入政府干预变量后，公司绩效对民营上市公司高管的晋升机会的影响显著性减弱。这可能是因为政府一旦干预企业的管理，企业的绩效很大程度上都被主观地归功于政府，民营上市公司高管的职业经理人作用往往容易被忽视。另外，公司规模与高管晋升机会存在显著正相关关系，规模越大的民营上市公司对社会的影响力就越大，公司高管的社会地位就越高，也更加容易获取政治晋升机会。最后，第一大股东持股比例与公司负债几乎不影响公司高管的晋升机会。因此，假设 1“民营上市公司规模和公司绩效能显著影响公司高管政治上的晋升机会”成立，假设 3 中“高管的政治经历有助于民营上市公司高管的政治晋升”成立，而假设 4 中“政府干预有助于民营上市公司高管的政治晋升”不成立。

2. 公司绩效的影响因素

对公司绩效的影响因素做回归分析，回归结果如表 3-5 所示。

表 3-5　公司绩效的回归结果

变量	Age	Tenure	Diploma	Experience	GovIdx	Size	Top1	Leverage	R-Square	Fixed effects
（1）	0.568* (0.073)	0.435* (0.081)	0.365* (0.055)			0.326* (0.051)	0.258** (0.034)	0.334 (0.721)	0.732	Year and Industry
（2）	0.433* (0.066)	0.357* (0.059)	0.298 (0.188)	0.521** (0.034)		0.207* (0.051)	0.324* (0.077)	0.298 (0.981)	0.725	Year and Industry
（3）	0.527 (0.774)	0.378* (0.098)	0.432 (0.213)		–0.732***	0.334* (0.058)	0.229* (0.063)	0.452** (0.039)	0.693	Year and Industry
（4）	0.502* (0.067)	0.273 (0.235)	0.431 (0.415)	0.577*** (0.000)	–0.673*** (0.000)	0.238* (0.079)	0.875** (0.035)	0.544* (0.089)	0.659	Year and Industry

注：截距项省略，括号内为 p 值，*、**、*** 分别表示 10%、5%、1%的显著性水平。

从表 3-5 中可知，民营上市公司高管的政治激励和公司绩效之间存在着一定的弱相关关系，其中，年龄和任期对公司绩效的影响要强于学历。当模型中加入

政治经历变量和政府干预变量后，代表公司高管政治激励的变量对公司绩效影响的显著性进一步减弱。这可能是因为随着民营企业规模的增大，部分民营上市公司高管不再满足物质上的需求，他们开始追求政治上的地位，政治激励便能显著影响民营上市公司的高管经营公司的积极性。因此，我们应该注意到这点，在社会文明程度不断提高的今天，物质激励不一定能满足所有的民营上市高管，只有提供多种针对民营上市公司高管的激励措施，以满足他们的多样性需求，民营上市公司高管工作的积极性才会越高，激励产生的附加值就越高，激励效果便越好。

从政治经历变量的显著性可知，曾在政府部门任职的高管能给公司绩效带来显著的正影响，这可能是因为民营上市公司高管政府背景能获得一定的政治资源优势，如减少地方政府的乱收费、乱摊派等。另外，高管的政治经历可为企业在政府管制的经济活动中提供便利并获得好处，具有政府背景的高管熟悉政府的运作规则，了解政府的政策动向，与政府官员的沟通更为有效，这为企业在政府采购、开发权、用地审批、税收优惠等方面提供了便利。这也解释了为什么许多上市公司都愿意花钱聘请退休政府官员担任公司独立董事。从政府干预变量来看，政府对民营上市公司的干预程度与公司绩效显著负相关，当政府过度干预民营上市公司的经营过程，民营上市公司就会承担一定的社会责任，这与公司追求股东利益最大化的目标相违背，而当这种干预程度越强，公司承担的社会责任就越大，越不利于公司的绩效。最后，公司规模、第一大股东持股比例与公司负债都显著地影响民营上市公司的绩效。因此，假设 2“高管的政治激励能够有效提高民营上市公司绩效”成立，且假设 3 中“政府经历有利于民营上市公司绩效”，以及假设 4 中“政府干预不利于民营上市公司绩效”也都成立。

六、小　结

随着中国改革开放的进一步加深，中国市场化改革显得更加重要，而对于中国来说，市场化改革的一个重要成果就是从单一的公有制经济转变为多种所有制并存。民营企业在经济领域内扮演着越来越重要的角色，关于民营企业高管的激励措施也越来越受到学术界的重视。本章以 2005~2009 年在沪深两市上市的民营公司为研究对象，研究了民营上市公司高管政治激励与公司绩效之间的关系。

研究结果发现，民营上市公司高管获取政治身份与公司绩效显著相关，公司绩效的好坏对民营上市公司高管是否能获得政治晋升有显著的影响，且对民营上市公司高管的经营能力进行评价的时候，更多的是关心他曾经的努力对公司创造的价值。另外，曾在政府部门任职的高管往往能通过建立的“政治网络”使自己具有明显的政治晋升优势；而在一些政府干预较强的地区，企业的绩效很大程度上都被主观地归功于政府干预，民营上市公司高管的职业经理人作用往往容易被忽视，因此政府对企业的干预强度与民营上市公司高管的政治晋升显著负相关。此外，民营上市公司规模越大，社会的认知度就越高，公司高管就越能获取政治晋升。反过来，民营上市公司的政治激励是对物质激励的一种有效补充，通过对民营上市公司高管实施政治激励，能提高公司高管工作的积极性，进而影响公司的绩效状况；在对民营上市公司高管实施政治激励时，公司高管会对自己的个人动态特征进行评价，公司高管的年龄和任期比学历更加显著地影响高管工作的积极性；曾在政府部门任职的高管能够获得一些政治资源优势，降低民营上市公司的政府行政壁垒，政治经历与公司绩效之间显著正相关；政府干预民营上市公司的经营过程，民营上市公司就会承担一定的社会责任，与公司追求股东利益最大化的目标相违背，不利于民营上市公司绩效的改善。

在我国市场经济法制建设还有待完善的背景下，由于民营企业在法律上缺乏有效保护，在意识形态上存在偏见，需要公司的政治关系降低民营企业的行政壁垒，提高民营企业的产权保护，民营企业高管的政治激励显得十分重要。因此，应建立民营企业高管政治晋升激励的良性通道，提高民营企业高管经营的积极性，并要减少政府对民营企业的干预强度，既有利于民营企业高管的政治晋升，又有利于民营企业经营绩效的改善。

第四章 制度环境与国有股权的政治关联效应

一、引 言

近年来，随着社会主义市场经济的进一步发展及完善、市场主体的日益多样化，民营企业的组织形式也日趋优化，出资方式更加灵活。越来越多的民营企业通过首次股票公开发行（IPO）、买壳上市等方式进入中国的资本市场。全国工商联发布的2011年度《中国民营经济发展形势分析报告》显示，截至2011年4月，中国的民营上市公司数量首次突破1000家。

但是在民营企业蓬勃发展的背景下，由于法律对私有产权保护不明确，民营企业的发展存在诸多不确定性，也将面临更大的风险。在这种情况下，民营企业为了安全地发展，就会通过跟政府形成良好的关系来达到目的。民营企业更倾向于利用人际关系网络作为自身经营战略的一部分，而不是通过市场去获取资源或开展战略联盟（Choi等，1999）。Xin和Pearce（1996）的研究也发现，与国有企业相比，民营企业把关系放在更加重要的位置上，同时也在建立关系上投入更多的资源。

在中国目前转型经济的情况下，相关制度的缺乏严重约束着民营企业的发展，民营企业必然会依赖于一些替代性的非正式制度来支持企业的发展（Allen，2006）。政治关联作为一种重要的非正式替代性机制，使得民营企业有着很强的动机在建立与政府的关系上投入更多的资源，以期得到政府的支持和保护（Xin，1996）。政治关联的现象在制度相对不完善的转型经济体和发展中国家尤为普遍（Faccio，2006），而对于中国民营企业政治关联机制的研究，已有相当多的学者从微观层面提供了经验证据支持。Park 和 Luo（2001）、孙铮等（2005）、吴文锋等（2008）认为，民营企业的政治参与是民营经济在各种法律不完善、产权保护不周的环境下起到良好保护作用的替代机制；Bai 等（2006）、潘红波等（2008）均发现在中国法律保护水平普遍不高的情况下，民营企业家参政可以保护企业的产权免受政府的掠夺；罗党论和唐清泉（2009）发现，在产权保护力度小、政府干预力度大以及金融发展水平落后的地区，民营企业家有强烈的参政动机。这些研究均表明，民营企业家参政是对制度环境不完善的一种非正式的替代性机制。但是由于国有股权与政府有天然的内在联系，民营企业在公司所有权安排时有意引入国有股权或在买壳上市时保留一定比例的国有股权也能起到同样的作用，民营企业家引入或保留国有股权同样是非常重要的政治关联渠道之一，学术界关于民营企业这种所有权安排的动机以及国有股东在民营控股公司中的股东行为及其效用研究基本还是空白。

本章从理论与实证层面深入探讨了民营控股企业在所有权安排时引入或保留国有股权的动机，并且实证考察了地区产权保护水平、当地非国有经济发展程度、地方政府干预水平等制度环境的不完善对民营控股企业引入或保留国有股权的影响。这是在以前的民营企业政治关联类文献中从未出现过的研究思路，对该问题的研究，有助于更准确地理解和把握企业政治关联的内在逻辑，也有助于从多种视角解释民营企业在制度不完善的情况下，仍能得到迅速发展的内在机理。本章的研究从新的视角开拓了对民营控股企业政治关联研究的新领域，无论是对民营企业的理论研究与政策实践，还是对丰富文献都有重要的意义。

本章以下部分的安排如下：第二部分对制度环境与民营企业政治关联的形成进行分析，提出本章的研究假设；第三部分是研究设计；第四部分是实证检验的结果及分析；第五部分给出研究结论及讨论。

二、理论阐述与实证假设

制度理论认为组织都处于特定的制度环境中，并要适应制度环境规则，趋利避害，提高效率。在许多制度相对不完善的转型经济和发展中国家，企业的发展受到严重的阻碍，企业经常会依赖于非正式的机制来减少制度方面的约束，企业政治关联的建立是对制度环境的一种积极反应（Allen，2006）。罗党论等（2007）的研究则从更广泛的制度环境角度表明政治关联对民营企业而言是其在不完善市场中发展的替代性的保护机制，是法律和司法不健全、金融发展落后、政府侵害较严重等体制方面缺陷的非正式替代或补充机制。

国有股是指有权代表国家投资的部门或机构以国有资产向公司投资形成的股份。从理论上讲，全国的公民是国有股的终极所有者，但全民是整体性概念，无法真正人格化到一个具体的自然人身上。由于国有股有效持股主体出现缺位，出资人权利只能通过特殊的多级委托—代理关系由政府官员代为行使，因此，国有股权与政府有着天然的内在联系。这里选取地区产权保护水平、当地非国有经济发展水平及地方政府干预水平来衡量制度环境，进一步论述制度环境与民营控股企业引入或保留国有股权这一行为间的关系。

（一）地区产权保护水平与民营控股公司引入或保留国有股权

产权制度作为市场经济的基本制度之一，是市场经济有序运行的基本要求。

科斯认为，只要产权关系明晰化，交易各方就会力求降低交易费用，把资源使用到产出最大、成本最小的地方，达到资源的最优配置。在中国，目前对于民营企业产权保护的正式法律制度处于一种缺失状态，民营企业应有权利仍得不到有效保护，民营经济面临的诸多问题都可以归结为对私有财产权利和契约行为的法律保护不充分。Pei（2001）发现，尽管中国在经济增长方面有着漂亮的记录，但是商业合同的执行情况却很差。产权保护薄弱的现实给民营企业的经营带来了一系列负面影响，如投资不足、缺乏做大做强的动力，严重削弱了民营企业的活力。Johnson 等（2002）的研究表明，在转轨经济中，由于法律对私有财产权保护不明确，民营企业的发展存在不确定性，面临更大的风险。因此，相对于国有企业和集体企业而言，民营企业具有更强的关系导向。

民营企业通过引入国有股权与政府保持了良好的关系，国有股东可以保护公司免受政府的恶意侵害，转轨经济中的法律法规很不健全，公司的政府股东，特别是地方政府股东，会防止一些不合理的法律纠纷，甚至是政府对公司的恶意掠夺（Li，1996）。中国存在的地区间发展不均衡已是公认的事实，在影响企业发展的众多因素之中，区域发展环境的差异应该给予必要的关注。世界银行（2006）对中国 120 个城市的投资环境调查显示，各个城市之间的产权保护存在着相当大的差异，这种差异性必然会影响民营控股公司引入或保留国有股的程度，由此可提出第一个假设：

H1：民营控股公司所在地产权保护水平越差，企业越希望引入或保留国有股权，进而与政府形成政治关联。

（二）民营经济发展程度与民营控股公司引入或保留国有股权

民营经济是指除国有、国营以外的所有制形式和经营方式的总称。改革开放 30 多年来，中国民营经济得到迅速发展，成为国民经济中最具活力的部分。但是由于对民营经济的认识不足，民营企业仍不能享有与国有、集体和外资企业同

等的政策待遇，如银行、保险、证券、通信、石化、电力等行业，民间资本一直难以进入。有些领域虽然允许民间资本涉足，但体制性障碍导致明显的不公平竞争。

在转型经济中，市场的不完善导致了制度真空（Khannat，2000），关键战略资源，如资本、土地、信息、技术和管理人才，都直接由政府分配，民营企业通过引入国有股权与政府建立了一种直接的利益关系，在利益动机的驱动之下，企业不仅可以利用国有股权在获取资源方面获得诸多优惠，而且在企业经营过程中如果出现困难，含有国有股权的民营企业可以直接利用政治权力减少经济损失，这就缓解了民营经济发展受限对民营企业发展带来的不利影响。

另外，由于民营经济在制度和政策上存在着地区性差别，造成了不同地区民营经济发展存在差异。2012 年，中国民营企业 500 强中，江苏、浙江两省入围的民营企业多达 250 家，民营经济“东强西弱”的格局依然明显存在，而根据我们的统计，中、西部地区的民营控股企业中国有股的比例显著偏大。由此，提出第二个假设：

H2：民营上市公司所在地民营经济发展程度越低，企业越希望引入或保留国有股权，进而与政府形成政治关联。

（三）地方政府干预水平与民营控股公司引入或保留国有股权

凡是能够影响经济主体行为的政府行为，都属于政府干预的范畴。根据政府“掠夺之手”理论，政治家们的目标可能并不是社会福利的最大化，而是追求自己的私利，运用他们的权力来维护自己的地位，“掠夺之手”是描述一种不公平、不公正的制度环境。陈信元等（2007）指出，在转型经济中，各级政府干预企业的现象是经常存在的。另外，在中国特殊的转型背景下，政府对资源分配、企业经营等经济活动的干预仍然较多（Khanna 和 Palepu，2000）。

政府干预为寻租行为的产生提供了可能性（罗党论等，2007），民营企业通过国有股东与政府建立了良好的关系，国有股东的存在为企业与政府的沟通提供了很大的便利，这使得企业的行政费用及与政府打交道的时间均有显著的下降，国有股权的存在使得政府干预对民营企业的影响显著减少。Zhang（2006）通过中国 1993~2000 年 2000 多个县级地区的数据研究发现，内陆地区相对于沿海地区，人均行政管理费用高出近 30%。因此，可以认为在政府干预较强的地区，民营企业有更强烈的动机引入国有股，与政府建立良好的关系以克服政府干预对企业发展的阻碍。由此，提出第三个假设：

H3：民营上市公司所在地政府干预越大，企业越希望引入或保留国有股权，进而与政府形成政治关联。

三、研究设计

（一）样本选择和数据来源

在这里的研究中，民营控股上市公司是第一大股东为产权清晰的民营企业或实际控制权属于民营企业的 A 股上市公司，包括上市时就是民营企业性质的公司和上市后通过改制转变为民营性质的上市公司。中国上市公司虽然提供了股权结构的基本信息，但是年报中对股权结构只是从国有、法人和流通股等有利于监管的角度进行了区分，而实际上法人股的持有者可能是民营企业，也可能是国有企业，所以需要从终极股权结构的角度来界定上市公司到底由何种产权所有者来控制。为此，我们根据年报中的股权结构信息，利用互联网等其他信息渠道，尽量确定每个上市公司的终极控股链，并从中选取终极控股股东产权属性是民营的上市公司，以此为研究样本。

我们的研究以 2005~2007 年所有沪深交易所上市的民营上市公司为原始样本。按照以下原则对原始样本进行了剔除：①剔除了信息披露不详的样本；②剔除了最终控制人不详的公司；③剔除了国有上市公司通过股权转让而转化为民营企业的样本，即保证了民营上市公司政治关联的纯粹性。最后，得到样本 2005 年 197 个，2006 年 289 个，2007 年 335 个，合计 821 个。上市公司的董事会背景资料来自 CSMAR 中的公司治理数据库，制度环境数据来自樊纲等（2007）编制的中国各地区市场化指数体系，财务相关数据来自 CSMAR 中的公司财务年报数据，其余数据来自 CSMAR 数据库和 Wind 数据库，此外，对民营控股上市公司中国有股的控制背景的刻画是基于对各方面材料的整理。

（二）研究变量的定义说明与模型建立

1. 被解释变量

关于民营上市公司政治关联的刻画，国内外相关文献提供了多种不同的度量方法。Fan、Wang 和 Zhang（2007）将 CEO 现在或者曾经在政府机关（中央政府或者地方政府）或军队任职看作是具有政治关联。罗党论（2008）、胡晓（2008）认为，如果公司的高管曾经或者正在政府部门任职或为人大代表或为政协委员，则被认为具有政治关联。潘洪波等（2008）、罗党论和唐清泉（2009）等学者以公司的总经理或者董事是否曾为政府官员作为政治关系的标志。这类用高管特征来衡量政治关联的方法被广泛使用。

与以往文献不同，这里以民营控股企业引入的国有股权为基础来定义政治关联。在定义民营上市公司的政治关联时采用了两个指标：一是引入国有股的比例（Staterate），二是引入国有股的控制背景（Background），前者强调的是公司具有政治关联的普遍性，后者衡量的是公司具有政治背景的强度。国有股的具体持股主体包括由政府机关控制的行业主管部门、国资局、国有资产管理公司与一般的国有企业两种，我们认为如果国有股的实际控制主体是政府机关，则政治关联程度最强；如果由一般的国有企业控制，则政府关联程度较强；如果企业没有国有股，则认为政治关联程度很弱或几乎没有。

2. 解释变量

制度环境方面采用樊纲等（2007）编制的《中国市场化指数》来衡量。其中地区产权保护水平指数（Lawindex）由市场中介组织的发育、对生产者合法权益的保护、对知识产权的保护以及对消费者权益的保护等构成，指数越大，说明当地的法律制度环境越好，也说明当地的产权保护水平越高；民营经济发展程度（Nstaindex）用非国有经济指数衡量，由非国有经济在工业销售收入中所占比重、非国有经济在全社会固定资产总投资中所占比重、非国有经济就业人数占城镇总就业人数的比例等构成，指数越大，说明当地非国有经济发展程度越高，也说明当地民营经济发展程度越高；政府干预指数（Govindex）衡量了政府与市场的关系，由市场分配资源的比重、减轻农民的税费负担、减少政府对企业的干预、减少企业的税费负担以及缩小政府规模等部分构成，指数越大，说明政府干预越少。

3. 控制变量

在控制变量方面，这里控制了多个影响民营上市公司政治关联的公司特征变量：民营化方式（Pub_way），即民营控股公司是 IPO 上市还是买壳上市，这两种类型的民营上市公司跟政府打交道的时间长短不一，导致和政府关系的密切程度不同，直接 IPO 上市的民营企业更容易与政府建立良好的关系；民营化时间（Time），企业民营化时间越长，其越可能以引入或保留国有股的方式与政府建立关系。此外，还控制了公司基本层面的情况：企业平均业绩（Roa）、企业的平均资产规模（Size）、企业的平均资产负债率（Lev），那些规模越大，负债比例越高的企业越容易与政府形成政治关联（Faccio，2006）。另外，还定义了民营企业的主营业务收入是否为当地支柱产业（Pillar_industry），若民营企业的主营业务为当地支柱产业，那么当地政府出于政绩考核等政治目的便会对该企业大力扶持，企业与政府形成政治关联也更加容易。此处还采用了虚拟变量来控制行业影响和年度影响，行业虚拟变量（Industry）依据中国证监会颁布的《上市公司行业分类

指引》中的行业分类和次类进行设定；年度虚拟变量（Year）则以不同年份设定虚拟变量。详细的变量定义见表 4–1。

表 4–1 变量的定义

变 量	符 号	定 义
引入国有股的比例	Staterate	国有股东持股量占总股本的比例
国有股的控制背景	Background	如果企业国有股实际是由政府机关控制的，则认为其政治关联程度最强，赋值为 3；若由一般的国有企业控制，则认为其政治关联程度较强，赋值为 2；若无国有股，则认为其政治关联程度很弱或几乎没有，赋值为 1
董事会中国有股东的比例	Boardrate	国有股东在董事会中的人数占董事会总人数的比例
国有股东的政治背景	Politic	如果国有股东为地市级及以上官员，则赋值为 3；如果国有股东为县处级官员，则赋值为 2；如果国有股东为县处级以下官员，则赋值为 1
地区产权保护水平指数	Lawindex	数值越大，表示地方法律制度越完善，产权保护越好
非国有经济发展指数	Nstaindex	数值越大，表示民营经济发展程度越高
政府干预指数	Govindex	数值越大，表示政府干预越少
民营化方式	Pub_way	如果企业为 IPO 上市，则为 1，反之为 0
企业平均资产规模	Size	企业最近三年的总资产取对数后的平均值
民营化时间	Time	如果企业民营化的时间在 3 年以上则为 1，否则为 0
是否为当地支柱产业	Pillar_industry	虚拟变量，如果是当地支柱产业，则为 1，反之为 0
企业平均资产负债率	Lev	企业最近三年的总负债/总资产的平均值
企业平均业绩	Roa	企业最近三年的净利润/总资产的平均值
行业	Industry	当处于该行业时为 1，否则为 0
年度	Year	当处于该年度时为 1，否则为 0

4. 模型设定

为检验本章提出的假设，根据设计的变量，分别构造了模型（1）和模型（2）。模型（1）为线性模型，由于模型（2）中的被解释变量是有序变量，故模型（2）采用有序 Probit 模型。

模型（1）：

$$Staterate = \alpha + \beta_1 Lawindex + \beta_2 Nstaindex + \beta_3 Govindex + \beta_4 Pub\_way + \beta_5 Size + \beta_6 Time + \beta_7 Pillar\_industry + \beta_8 Lev + \beta_9 Roa + \beta_{10} Industry + \beta_{11} Year$$

模型（2）：

$$Background = \alpha + \beta_1 Lawindex + \beta_2 Nstaindex + \beta_3 Govindex + \beta_4 Pub\_way + \beta_5 Size +$$

$\beta_6 Time + \beta_7 Pillar\_industry + \beta_8 Lev + \beta_9 Roa + \beta_{10} Industry + \beta_{11} Year$

（三）描述性统计

表 4-2 描述了各变量的均值、最大值、最小值和标准差。

表 4-2 变量的描述性统计

变 量	样本量	均 值	最小值	最大值	标准差
Staterate	821	0.065	0.000	0.2661	0.012
Background	821	1.687	1.000	3.000	0.217
Lawindex	821	3.749	0.983	9.065	1.950
Nstaindex	821	5.639	1.373	13.440	2.189
Govindex	821	6.571	2.798	11.672	2.415
Pub_way	821	0.376	0.000	1.000	0.481
Size	821	20.753	18.183	22.343	0.743
Time	821	0.287	0.000	1.000	0.453
Pillar_industry	821	0.393	0.000	1.000	0.375
Lev	821	0.460	0.026	0.893	0.203
Roa	821	0.038	-0.517	0.340	0.082

（1）从总体样本中，我们可以看出，国有股东持股量占总股本的比例（Staterate）平均为 6.5%，国有股的控制背景（Background）为 1.687，这足以体现出民营控股企业通过有意引入或保留国有股的方式与政府建立政治关联，进而获取政治资源的趋势。Xin 和 Pearce（1996）的研究认为，与国有企业和集体企业相比，民营企业把关系放在更加重要的位置，同时也在建立关系上投入更多的资源，以期得到从法律和正式制度中得不到的支持和保护。

（2）在制度环境指数方面，由于资源禀赋、地理位置及国家政策的差异，我国各个地区的市场化程度存在较大的差异（樊纲和王小鲁，2007）。地区产权保护水平指数最小为 0.983，最大为 9.065，标准差为 1.950，说明中国不同地区的产权保护水平存在着很大差异；非国有经济发展指数最小为 1.373，最大为 13.440，标准差为 2.189，说明中国民营经济存在着区域分布不平衡的状况；政府干预指数最小为2.798，最大为11.672，标准差为2.415，说明中国各地区地方政府对企业的干预程度存在较大的差异。

（3）控制变量方面，资产负债率均值为46%，资产规模对数均值为20.753。企业平均绩效的均值为0.038，说明民营控股企业的整体盈利能力还比较弱。只有小部分民营控股公司是通过直接IPO上市的，绝大部分的民营上市公司仍是通过买壳方式上市，这可能是因为IPO所需时间太长，不能及时满足飞速发展的民营企业的需要。在这种背景下，中国民营上市公司民营化的时间普遍都不长，在3年以上的只有28.7%，说明民营上市公司在证券市场的发展还有很大的空间。另外，民营控股公司的主营业务收入为当地支柱产业的均值为39.3%，这也说明了民营控股公司的主营业务收入为当地支柱产业的现象比较普遍。

四、实证结果及分析

（一）变量的分组检验

在对模型进行回归分析前，根据国有股的控制背景的强度把所有样本分成三组，进行了变量的分组检验。第一组是国有股权的实际控制人为政府机关控制的行业主管部门、国资局、国有资产管理公司，可以认为其政治关联程度最强；第二组是国有股权的实际控制人为一般的国有企业，可以认为其政治关联程度较强；第三组为完全没有国有股权的民营控股企业，可以认为其政治关联程度很弱或几乎没有。相比较以往的研究，本章的这种分组方式更全面，基本涵盖了民营企业的所有情况，其研究结果也将更具有说服力。表4-3列出了政治关联程度不同的民营控股企业在制度环境和企业特征方面的差异。

表 4-3　分组之间的单变量检验

变　量	分组情况	样本数	均　值	T 检验	
Lawindex	第一组	197	4.379	第一组与第二组	−2.579***
	第二组	281	5.434	第二组与第三组	−3.261***
	第三组	353	6.293	第一组与第三组	−4.573***
Nstaindex	第一组	197	5.697	第一组与第二组	−2.537***
	第二组	281	6.083	第二组与第三组	−3.051***
	第三组	353	8.420	第一组与第三组	−5.493***
Govindex	第一组	197	5.095	第一组与第二组	−1.972***
	第二组	281	6.897	第二组与第三组	−3.990***
	第三组	353	8.834	第一组与第三组	−1.974**
Pub_way	第一组	197	0.410	第一组与第二组	1.738**
	第二组	281	0.376	第二组与第三组	3.970***
	第三组	353	0.350	第一组与第三组	4.004***
Size	第一组	197	20.990	第一组与第二组	2.837***
	第二组	281	20.840	第二组与第三组	2.457***
	第三组	353	20.673	第一组与第三组	2.120**
Time	第一组	197	0.271	第一组与第二组	−0.087
	第二组	281	0.284	第二组与第三组	−0.090
	第三组	353	0.297	第一组与第三组	−0.108
Pillar_industry	第一组	197	0.497	第一组与第二组	3.970***
	第二组	281	0.385	第二组与第三组	3.950***
	第三组	353	0.309	第一组与第三组	2.980***
Lev	第一组	197	0.597	第一组与第二组	1.335*
	第二组	281	0.487	第二组与第三组	2.009**
	第三组	353	0.349	第一组与第三组	2.079***
Roa	第一组	197	0.035	第一组与第二组	2.519***
	第二组	281	0.017	第二组与第三组	3.271***
	第三组	353	0.001	第一组与第三组	1.920**

注：* 表示在 10%水平上显著，** 表示在 5%水平上显著，*** 表示在 1%水平上显著。

表 4-3 的检验结果显示，在对地区产权保护水平指数、非国有经济发展指数及政府干预指数的分组检验中，第一组与第二组、第二组与第三组、第一组与第三组的组间检验都存在高度的显著性。该结果表明，与政治关联较弱的组相比较，民营上市公司政治关联较强的组所在地的制度环境较差，且这种差异是十分显著的。这也初步说明了本章的假设，我们将在后文的多变量回归分析中进一步严格检验前文假设。此外，企业平均业绩、是否为支柱产业、负债比例、资产规

模以及民营化途径的组间检验也都是显著的。

（二）变量的回归结果分析

表 4-3 通过单变量初步说明了本章的假设，表 4-4 在控制了其他因素的条件下，进一步通过严格的回归分析来检验前文的假设。

表 4-4 给出了民营上市企业所面临的制度环境对民营企业通过引入或保留国有股权这种政治关联方式的多元回归结果，模型 1 到模型 3 是对被解释变量 Staterate 的线性回归，模型 4 到模型 6 是对被解释变量 Background 的线性回归。其中，模型 1 和模型 4 将地区产权保护水平指数引入解释变量，模型 2 和模型 5 将非国有经济发展指数引入解释变量，模型 3 和模型 6 将政府干预指数引入解释变量。

表 4-4 民营上市企业政治关联与制度环境的回归结果

变量	Staterate 模型 1	Staterate 模型 2	Staterate 模型 3	Background 模型 4	Background 模型 5	Background 模型 6
Constant	-0.23* (-1.429)	-0.18* (-1.345)	-0.176 (-1.249)	-0.402*** (-5.884)	-0.301* (-1.409)	-0.647** (-2.130)
Lawindex	-0.007** (-2.147)			-0.139** (-2.099)		
Nstaindex		-0.012*** (-2.92)			-0.437*** (-3.591)	
Govindex			-0.024** (-2.270)			-0.351*** (-2.715)
Pub_way	0.012 (0.798)	0.019*** (2.759)	0.013 (1.267)	0.468 (1.572)	0.413 (1.103)	0.501** (2.109)
Size	0.025** (2.176)	0.027*** (2.793)	0.029*** (3.381)	0.385*** (2.937)	0.369*** (2.741)	0.381* (2.914)
Time	-0.016** (-1.793)	-0.015** (-1.721)	-0.005 (-1.283)	-0.376* (-1.378)	-0.363 (-1.425)	-0.364* (-1.694)
Pillar_industry	0.019** (2.251)	0.014 (1.16)	0.027*** (3.709)	2.501*** (2.376)	1.632 (1.527)	1.984** (2.017)
Lev	0.029 (1.207)	0.033* (1.324)	0.037** (1.819)	1.265* (1.699)	1.763** (1.971)	1.591* (1.836)

续表

变量	Staterate 模型 1	Staterate 模型 2	Staterate 模型 3	Background 模型 4	Background 模型 5	Background 模型 6
Roa	−0.007 (−1.093)	−0.012** (−1.812)	−0.009 (−1.131)	2.137* (1.836)	1.712** (1.539)	2.213** (1.975)
Industry	YES	YES	YES	YES	YES	YES
Year	YES	YES	YES	YES	YES	YES
Observations	821	821	821	821	821	821
Adjusted−R^2	0.046	0.063	0.051			
F Value	5.197	4.309	3.958			
Log likehood				−267.32	−208.37	−233.9
Pseudo R^2				0.056	0.054	0.048

注：* 表示在 10%水平上显著，** 表示在 5%水平上显著，*** 表示在 1%水平上显著，其中括号内为 t 值。

由表 4−4 的回归结果可以看出，与表 4−3 的单变量检验结果相一致，制度环境的确对民营上市公司通过引入或保留国有股权建立政治关联的行为有显著的影响。民营控股公司引入或保留国有股权的政治关联行为是对地方产权保护水平较差、民营经济发展程度较低、政府干预较大的一种替代机制。

（1）在模型 1 和模型 4 中，t 值分别为−2.147 和−2.099，地区产权保护水平指数与民营上市企业政治关联的指标 Staterate 和 Background 呈负相关关系，且均在 5%水平上显著。这表明，民营上市公司所在地产权保护水平越差，企业越希望通过引入或保留国有股权这种行为建立政治关联，即 H1 成立。由于法律对民营企业产权保护不明确，民营企业的发展还存在不确定性，也将面临更大的风险。因此，在财产权得不到妥善保护的情况下，民营企业为了安全地发展，就会通过引入或保留国有股权的方式与政府建立关系，以此作为对财产权的自我保护机制。在转型经济背景下，政治关联在一定程度上可以作为法律保护的替代机制来保护企业产权和利益免受政府侵害（Chen 等，2005；Bai 等，2006）。

在模型 2 和模型 5 中，t 值分别为−2.92 和−3.591，非国有经济发展指数与民营上市企业政治关联的指标 Staterate 和 Background 呈负相关关系，且均在 1%水平上显著，H2 成立，即民营上市公司所在地的民营经济发展程度越低，企业越

希望引入或保留国有股权，进而与政府形成政治关联。随着改革开放的深入，民营经济得到了极大的发展，但民营经济的歧视政策仍然存在。在行业准入、资金融通、权益保障等方面对民营经济的歧视性政策仍十分严重。正因为这样，民营企业往往会寻求一种替代机制来进行自我保护，而民营公司通过引入或保留国有股权就能起到很好的作用，进而企业通过这种政治关联可以向政府争取各种资源（Chen、Li 和 Su，2005）。

在模型 3 和模型 6 中，t 值分别为-2.270 和-2.715，政府干预指数与民营上市企业政治关联的指标 Staterate 和 Background 呈负相关关系，即民营上市公司所在地政府干预越大，企业越希望引入或保留国有股权，进而与政府形成政治关联，因此 H3 也得到了验证。陈信元和朱红军（2007）认为，在转型经济中，由于相关制度法律并不完善，政府经常干预企业的生产经营活动。尽管市场化进程不断推进，但政府对资源分配、企业经营活动等经济活动的干预仍然较多。与政府建立良好的关系，一方面可以减少政府对企业不利的干预，另一方面民营企业在制度不稳定的情况下还可以得到一定的保护。因此，民营控股企业便通过引入或保留国有股权与政府建立一种“共生关系”，从而减少政府对企业的干预行为。

（2）在控制变量方面，企业的平均资产规模在各模型中均有显著的影响，企业的平均资产负债率在各模型中也基本显著，这与 Faccio（2005）、Boukakri 等（2006）的研究结果一致，即公司规模越大、负债比例越高的企业越容易与政府形成关系。其他控制变量在各模型中的显著程度存在着不同的差异性，企业平均业绩在模型 1 和模型 3 中不显著，但在其他模型中均显著；民营化途径在模型 2 和模型 6 中显著，在其他模型中均不显著，但其系数符号基本与已有的文献一致。另外，民营企业主营业务收入是否为当地支柱产业在各模型中也基本显著，若民营企业的主营业务为当地的支柱产业，当地政府便会出于政府业绩对该企业进行大力扶持，同时对当地政府来说也是一个“形象工程”，因此更容易建立政治关联。

（三）稳健性检验

与以往文献定义政治关联的方式不同，为了进一步检验结果的稳健性，这里对被解释变量进行了替换。

对于引入国有股的比例 Staterate，用国有股东在董事会中的人数占董事会总人数的比例 Boardrate 进行替代；对于国有股的控制背景 Bacground，参考胡旭阳（2006）对政治关联的刻画，即用不同级别的政治身份来反映民营企业拥有的政治资源的差异程度，用 Politic 对 Background 进行替代，按照重新定义的被解释变量进一步进行模型检验。Boardrate 和 Politic 的定义均在表 4-1 中有说明，检验结果如表 4-5 所示。

表 4-5 民营企业引入或保留国有股权与制度环境关系的回归结果

变 量	Boardrate 模型 1	Boardrate 模型 2	Boardrate 模型 3	Politic 模型 4	Politic 模型 5	Politic 模型 6
Constant	−0.273* (−1.508)	−0.210* (−1.483)	−0.190 (−1. 269)	−0.396*** (−4.332)	−0.138 (1.006)	−0.583** (−1.972)
Lawindex	−0.015** (−2.310)			−0.133* (−1.692)		
Nstaindex		−0.019 (−0.885)			−0.379*** (−3.851)	
Finindex			−0.049*** (−2.691)			−0.271** (−2.196)
Pub_way	0.015 (1.037)	0.021* (1.571)	0.012 (0.913)	0.471 (1.521)	0.404 (1.103)	0.497* (1.739)
Size	0.026** (2.273)	0.029*** (2.591)	0.027** (2.196)	0.358*** (2.761)	0.379*** (2.813)	0.229 (1.572)
Time	−0.017** (−1.795)	−0.016** (−1.733)	−0.007 (−1.223)	−0.375* (−1.832)	−0.364* (−1.675)	−0.363* (−1.537)
Pillar_industry	0.020* (1.577)	0.015 (1.210)	0.028*** (3.339)	2.017** (2.103)	1.508 (1.463)	2.201** (2.314)
Lev	0.031 (0.997)	0.034* (1.399)	0.038** (1.901)	0.032 (1.159)	0.039** (2.073)	0.041** (2.331)
Roa	−0.008 (−1.280)	−0.013** (−1.932)	−0.010** (−1.705)	2.039* (1.714)	1.723 (1.492)	2.215* (1.833)
Industry	YES	YES	YES	YES	YES	YES

续表

变 量	Boardrate 模型 1	Boardrate 模型 2	Boardrate 模型 3	Politic 模型 4	Politic 模型 5	Politic 模型 6
Year	YES	YES	YES	YES	YES	YES
Observations	821	821	821	821	821	821
Adjusted-R^2	0.045	0.057	0.049			
F Value	5.371	4.928	4.037			
Log likehood				-236.1	-235.7	-236.2
Pseudo R^2				0.070	0.054	0.056

注：* 表示在 10%水平上显著，** 表示在 5%水平上显著，*** 表示在 1%水平上显著，其中括号内为 t 值。

表 4-5 用新定义的政治关联变量替代了表 4-4 中的被解释变量。从表 4-5 的检验结果来看，在更换衡量政治关联的各个指标后，新的指标仍然能在很大程度上解释本章的假设，即制度环境对民营上市公司通过引入或保留国有股权建立政治关联的行为有显著的影响。不过，在模型 2 中，非国有经济发展指数与引入国有股的比例（Staterate）的替代变量 Boardrate 还是呈负相关关系，但变得不再显著。除此之外，其他的解释变量及控制变量在各个模型中的结果都与先前的检验结果基本保持一致。这说明本章的实证检验结果和结论具有较高的稳定性和可靠性。

五、小 结

本章以民营上市公司 2005~2007 年的样本为例，以民营控股公司引入或保留国有股权的行为作为民营企业政治关联的衡量方式，考察了制度环境中地方产权保护水平、当地民营经济发展水平及政府干预水平对民营上市企业引入或保留国有股权行为的影响。研究发现，在控制其他因素的前提下，地方产权保护越差、当地民营经济发展水平越落后及政府干预越大时，民营控股企业就越希望引入或保留国有股权，进而与政府形成政治关联，民营控股公司引入或保留国有股权的行为是对制度环境不完善的一种替代机制。研究认为，民营企业通过保留或引入国有股权来建立政治关联是制度层面的，其所起的作用可能远超过表面层次上的民营企业家的参政作用。民营企业通过引入或保留国有股权努力建立与政府之间的“共生关系”，设法使自己的企业带有官方色彩，树立良好的社会形象，提升民营企业家的个人社会地位，为企业的发展营造适宜的政治生态。

尽管已有不少学者对民营企业政治关联与制度环境间的影响进行了实证研究，但是，这些研究都是从民营企业家参政的角度来研究的。本章从民营控股公司引入或保留国有股权的行为进行研究，这是在以前政治关联类文献中从未出现过的研究思路。研究从新的视角开拓了民营企业政治关联研究的新领域。但由于这里的研究思路在以往的研究中基本属于空白，相关文献甚少，故对民营企业引入或保留国有股权的刻画可能缺乏全面性。

研究结果表明，民营控股公司通过引入或保留国有股对民营企业克服制度环境的不足有积极的促进作用，然而仍有许多问题有待于进一步研究，如民营控股公司在所有权安排时有意引入国有股权或在买壳上市时保留一定比例的国有股权究竟能否真正起到支持公司经济绩效增长的作用？民营控股公司引入或保留国有股权的行为与民营企业家参政对民营企业融资、公司绩效等方面所起的作用是否可以相互替代？这些问题将是进一步研究的方向。

第五章　国有股权、企业家参政与民营企业的融资便利

一、引　言

改革开放 30 多年来，中国民营经济从无到有，从小到大，得到迅速发展，成为国民经济中最具活力的部分。如今，民营经济已成为吸纳国有企业下岗分流人员、安排劳动力就业、增加税收、扩大外贸出口、增加国民收入的重要领域，民营经济发展的好坏与否，成为决定中国经济未来发展质量和水平的关键因素。

但与民营经济在国民经济中占有的重要地位不同的是，民营企业在多方面遭受着制度和政策上的约束，而在民营经济发展受到的诸多约束中，很重要的约束便是融资的困难，不少民营企业往往因为融资难而不得不面对一次次的财务危机。2011 年以来，随着货币政策的趋紧，民营企业的资金紧张状况有所加剧，同时，民营企业面临的融资难问题也更加突出。据 2011 年千户民营企业跟踪调查报告显示，目前流动资金“紧张”的民营企业占 48.3%，“正常”的占 45.5%，“宽裕”的占 6.2%；调查显示，认为“比较难”或“非常难”的民营企业家占

49.9%，认为“有难度”的占 29.2%，认为“不太难”或“不难”的占 20.9%。[①] 2011 年接连发生的温州几十家民营企业老板“跑路”现象以一种极端的方式显现出民营企业深陷的融资难困境。

在中国的转轨过程中，与国有企业相比，民营企业获得融资的难度远高于国有企业，在正式制度受到制约的情形下，民营企业为了突破融资难的限制，寻求更好的发展，便会选择依赖于非正式的制度来缓解融资约束。已有研究表明，民营企业建立政治关联就是缓解融资难问题的有效途径。Khwaja 和 Mian（2005）对巴基斯坦的研究发现，如果企业与赢得选举的一方存在政治关联，那么就可以从国有银行获得更多优惠待遇，而如果企业董事会成员中有比较强势的政客，那么获得的优惠待遇会更多。Charumilind 等（2006）发现泰国也有类似的现象，有政治关联的公司更容易以更少的抵押物获得更多的长期贷款。国内学者对此也进行了一些实证研究，余明桂和潘虹波（2008）的研究表明，存在政治关联的民营企业能获得较多的银行贷款。

但是这些研究通常是从民营企业家参政的角度来分析的，政治关联主要体现为民营企业家的政治身份、董事长或 CEO 的政治身份和政府官员背景。被学者们普遍忽略的一种非常重要的政治关联渠道是民营控股公司在所有权安排时有意引入国有股权或在买壳上市时保留一定比例的国有股权。在中国转轨经济的制度背景下，国有产权在市场经济中依然占据较大的比重，近年来，大型上市公司中股东性质出现了明显的“国进民退”趋势。2011 年，中国上市公司 100 强公司治理评价报告指出，在样本公司中，第二大股东和第三大股东为国有性质的分别高达 48%和 37%，这比 2009 年的 32%和 23%均有大幅提高。我们认为，民营控股公司通过引入或保留国有股权也能对融资起到很好的作用。在中国，国有股东发挥了传递企业获得政府支持及企业实力信号的作用，是一种重要的声誉机制，有助于企业获得额外的发展机会和金融资源，促进民营企业的发展。学术界在这

① 本数据来自《经济界》2011 年第 6 期。

方面的研究基本还是空白。

那么，民营控股公司引入或保留国有股权是否有助于企业获得融资呢？公司引入或保留国有股权的行为和民营企业家参政在融资方面所起的作用是否可以相互替代呢？本章将从微观层面深入分析上述问题，对这些问题的研究将拓展公司金融的研究领域。本章的研究丰富和拓展了关于民营企业融资的相关研究，这有助于从更深层次理解政治关联与企业融资的关系，并为今后改善民营企业的融资问题提供了一定的经验支持。

本章其余部分的结构安排如下：第二部分是理论分析与研究假设；第三部分是研究设计；第四部分是实证结果及分析；第五部分是研究结论。

二、理论分析与研究假设

（一）民营企业融资难问题的形成与原因

在市场经济中，民营企业一般通过两种方式获取资金：内源融资和外源融资。内源融资是指民营企业不断将自己的储蓄（折旧和留存盈利）转化为投资的过程；外源融资是指吸收其他经济主体的闲置资金，使之转化为自己投资的过程。外源融资又分直接融资和间接融资，直接融资是指企业直接进入证券市场，通过发行债券和股票的方式筹集资金；间接融资是指向商业银行和其他金融机构借钱。

然而，内源融资只适用于民营经济的初创期，随着企业生产规模的扩大，内源资本将无法满足企业正常的生产经营需要。Johnson 等（2002）的研究发现，在转型经济中，随着企业投资规模的变大，民营企业的发展会越来越依赖于外部融资。但是，目前主板市场深、沪两个交易所都设置了十分严格的准入程序和限制条件，在国内证券市场，绝大多数民营企业被拒之门外，甚至部分效益不佳的国有企业能得到包装上市的优先权，而资信程度较高、业绩显著的大型民营企业却难以获得上市融资的机会。《债券发行办法》规定，发行企业债券的股份有限公司的净资产不低于人民币 3000 万元，有限责任公司的净资产额不低于人民币 6000 万元，且还要有实力雄厚、信誉良好的单位做担保，这一系列条件也限制了民营企业进入债券市场。长期以来，中国融资制度一直是以政府导向型的间接融资为主，其中商业银行的贷款是间接融资的主要形式。但是据调查，民营企业家对“企业从银行贷款的难易程度”评价值为 2.8，低于均值 3；并且，关于企业过去三年已实施的融资方式，选择“银行贷款”的比重仅为 14.7%。[①] 民营企业取得银行贷款仍然比较困难。

这是由多方面的原因形成的，首先，从民营企业自身来说，民营企业普遍成立时间较短，不少民营企业缺乏信用理念，在交易和融资活动中不讲信用，商业欺诈行为时有发生，财务信息虚假、报表不全等现象普遍存在，使银行不得不提高放贷条件，严重制约了银行贷款的积极性。陈佳贵等（1999）把中小企业缺乏金融支持的原因归结为中小企业信誉等级低。林毅夫（2001）认为，民营企业融资难的根本原因是，民营企业经营透明度较低，财务制度不健全。其次，从银行方面来说，银行信贷员和国家公职人员总是厌恶风险的，他们认为国有企业不能偿还贷款时，政府会出面承担，国有企业凭借与政府的密切关系更容易获得贷款，但民营企业却没有这些有利条件。已有大量文献表明，中国的银行对私有企业存在明显的信贷歧视（Brandt 和 Li，2003；Gordon 和 Li，2003；Boyreau-Debray 和 Wei，2005）。不少银行员工少贷或不贷给民营企业，尽量限制对民营企业的贷款数额，有些甚至宁愿贷款给有问题的国企，也不愿贷款给经营良好的

① 本数据来自中国企业家调查系统的《经济转型中的民营企业发展——2010 年千户民营企业跟踪调查报告》。

民营企业。另外，民营企业是在中国从计划经济向市场经济转型过程中发展壮大起来的，缺乏充分的产权保护（李胜兰，2003）和行业进入限制（汪伟、史晋川，2005）是影响民营企业发展的两大重要因素。余明桂、潘虹波（2008）认为，法律制度不完善、金融发展落后、政府侵害产权的存在导致了民营企业融资难的现状。

（二）引入国有股权与民营企业的融资便利

中国近年来进行了大规模的金融体制改革，银行的信贷管理体制更加趋向市场化，但在转型经济中，市场的不完善导致了制度真空（Khannat，2000），关键战略资源，如资本、土地、信息、技术和管理人才，都直接由政府分配，政府对银行信贷资源的配置仍然起着主导作用。政府的“父爱主义”本能使得国有企业获得了更多的融资与发展机会，余明桂和潘洪波（2008）指出，相比于民营企业，国有企业得到的产品市场和要素市场的政策优待明显较多。因此，民营企业更愿意介入政府的事务中，设法使自己的企业带有官方色彩。La Porta 等（2002）、Khwaja 和 Mian（2005）、Sapienza（2004）及 Serdar Dinc（2005）均认为具有良好政治关联的民营企业更容易获得银行贷款，也容易获取更低的利率。

国有股权与政府有着天然的内在联系，民营控股公司通过在所有权安排时有意引入或保留国有股权，便与政府建立了一种“共生关系”，民营企业引入国有股权便能得到类似国有企业的待遇而获得更多的银行贷款。

民营控股公司可以通过代表国有股的股东与政府保持直接或间接的关系，国有股股东发挥了传递企业获得政府支持及企业实力信号的作用，表明企业具有一定的经济实力和规模，得到了社会和政府的一定认可，这在一定程度上消除了银企双方的信息不对称问题，缓解了银行对民营企业的信贷歧视。Berger 和 Udell（1995）研究发现，密切的银企关系改进了小规模借款者的借款可能性。另外，国有股权在民营企业中的存在，无疑会给民营企业起到制度层面的声誉担保作用，这为企业提供了一种隐性的政府担保。因为在这些企业陷入困境的时候更容易得到政府的救济，即便企业由于经营不善陷入财务困境，基于共同利益，政府也会在必要的时候通过银行贷款支持等方式给予援助，解决其债务问题，这就相当于为企业提供了一种隐性担保。此外，民营企业可以间接利用政府的力量来干预银行的决策，从而获得更多的贷款优惠。

基于以上分析，提出第一个假设：

H1：对于其他条件相同的民营控股企业来说，引入或保留国有股权的企业比未引入或保留国有股权的企业能够获得更多的银行信贷支持。

（三）引入国有股权与民营企业家参政在影响企业融资方面的替代关系

有很多国内外学者已经证实民营企业家参政同样有助于企业获得银行的信贷支持。胡旭阳（2006）认为，民营企业家的政治身份具备了传递信号的功能，降低了民营企业进入金融业的壁垒，便利了民营企业融资；罗党论和甄丽明（2008）的实证研究发现，民营企业通过参政与政府形成了良好的政治关联，这解决了民营企业与银行间的信息不对称问题，对企业融资起到了很好的帮助作用；吴文锋、吴冲锋和刘晓薇（2008）指出，公司高管的地方政府背景有助于企业贷款。

根据前文分析，民营控股公司通过引入或保留国有股权对企业获得银行信贷支持同样起着很重要的作用。民营企业通过引入或保留国有股权与代表国有股的股东建立了一种直接的利益关系，我们认为民营企业通过国有股权与政府建立的这种政治关联是在制度层面的，其在企业获得信贷支持方面所起的作用可能远超表面层次上的民营企业家的参政作用。因此，在未引入或保留国有股权的企业中，民营企业家参政对企业获得银行贷款起到一定的帮助作用。但是，当企业引入或保留国有股权时，国有股权的政治关联效应超过了民营企业家参政在企业获得银行贷款方面所起的作用，企业对企业家参政的依赖性便没有那么大了。由此，提出第二个假设：

H2：引入或保留国有股权与企业家参政在影响民营企业获得银行贷款方面存在替代关系，即相对于引入或保留国有股权的民营企业，未引入或保留国有股权的企业在取得银行信贷支持时对企业家参政的依赖程度较高；反之则反是。

三、研究设计

（一）样本选择和数据来源

选择民营控股上市公司的第一大股东为产权清晰的民营企业或实际控制权属于民营企业的 A 股上市公司作为样本，包括上市时就是民营企业性质的公司和上市后通过改制转变为民营性质的上市公司。中国上市公司虽然提供了股权结构的基本信息，但是年报中对股权结构只是从国有、法人和流通股等有利于监管的角度进行了区分，而实际上法人股的持有者可能是民营企业，也可能是国有企业，所以需要从终极股权结构的角度来界定上市公司到底是由何种产权所有者来控制。为此，这里根据年报中的股权结构信息，利用互联网等其他信息渠道，尽量确定每个上市公司的终极控股链，并从中选取终极控股股东产权属性是民营的上市公司，以此为研究样本。

以 2005~2007 年所有沪深交易所上市的民营上市公司为原始样本。按照以下原则对原始样本进行剔除：①剔除信息披露不详的样本；②剔除最终控制人不详的公司；③剔除国有上市公司通过股权转让而转化为民营企业的样本，即保证了民营上市公司政治关联的纯粹性；④剔除金融行业，之所以剔除金融行业，是因为金融行业的公司负债不同于非金融行业的公司。最后，得到样本为2005年181个，2006年268个，2007年307个，合计756个。上市公司的董事会背景资料来自CSMAR中的公司治理数据库，制度环境数据来自樊纲等（2007）编制的中国各地区市场化指数体系，财务相关数据来自CSMAR中的公司财务年报数据，其余数据来自CSMAR数据库和Wind数据库。此外，关于企业家政治身份的数据主要通过互联网检索相关企业网站；民营上市公司的政治关联数据是基于对各方面材料的整理。

（二）研究变量的定义说明与模型建立

1. 被解释变量

本章主要考虑民营控股企业引入或保留国有股权对企业取得银行贷款及贷款期限的影响。Debt i是被解释变量，表示企业的银行贷款特征，其中Debt1表示银行贷款率，Debt2表示贷款期限。参照余明桂和潘红波（2008）的做法，将银行贷款率（Debt1）定义为银行贷款总额占总资产的百分比，将贷款期限（Debt2）定义为长期贷款占银行贷款总额的百分比。其中，银行贷款总额为长期贷款和短期贷款之和，该比值越大，说明样本公司的银行融资能力越强。

2. 解释变量

与以往的文献不同，这里用国有股权来衡量政治关联。在定义民营上市公司的政治关联时，采用引入国有股的比例（Staterate），其强调的是公司具有政治关联的普遍性。国有股的具体持股主体包括由政府机关控制的行业主管部门、国资局、国有资产管理公司以及一般的国有企业，我们认为如果企业引入或保留国有股权，则政治关联程度最强；如果企业未引入或保留国有股权，则政治关联程度较弱。

由于本章对国有股权与民营企业家参政在企业取得银行贷款方面的替代关系也进行了研究，因此，这里对民营企业家参政也进行了相关的刻画。一般来说，民营企业家目前正式参与政治的方式主要有：进入人大、政协；在工商业联合会、青年联合会、妇女联合会等社团组织担任一定职务；加入中国共产党，十六大修改党章允许民营企业家阶层的优秀分子入党；在董事会中聘请那些前任政府官员来任职。参考胡旭阳（2006），本章以民营企业的实际控制人是否当选人大代表或政协委员来表示民营企业家的政治身份，并用 PC 表示民营企业家参政。

3. 控制变量

参考以往的研究，这里选取了以下影响融资的企业财务指标及其他企业特征变量：企业规模（Size）——企业规模越大，也就意味着企业抵抗风险的能力越强，银行信贷人员会将企业规模当作风险衡量指标之一（Peterson 和 Rajan，1994）；盈利能力（Ebit）——企业的经营业绩是银行放贷考虑的主要因素之一，盈利能力越强，企业越容易获得贷款；固定资产（Tangible）——固定资产可以反映企业提供抵押的能力，杨毅（2009）发现，企业提供抵押的能力越强，越容易获得银行贷款；企业的平均资产负债率（Lev）——那些规模越大、负债比例越高的企业融资需求越强烈，就越容易在所有权安排时引入或保留国有股权，进而从银行取得贷款；企业成长性（Growth）——黎凯和叶建芳（2007）发现企业的成长性越好，企业贷款规模越大。这里还定义了民营企业的主营业务收入是否为当地支柱产业（Pillar_industry），若民营企业的主营业务为当地支柱产业，那么当地政府出于政绩考核等政治目的便会对该企业大力扶持，企业也就越容易从银行取得贷款支持。此外，还采用了虚拟变量来控制行业影响和年度影响。行业虚拟变量（Industry）依据中国证监会颁布的《上市公司行业分类指引》中的行业分类和次类进行设定；年度虚拟变量（Year）则以不同年份设定虚拟变量。详细的变量定义见表 5-1。

表 5–1 变量的定义

变 量	符 号	定 义
银行贷款率	Debt1	（短期借款+长期借款）/总资产
贷款期限	Debt2	长期贷款占银行贷款总额的百分比
引入国有股的比例	Staterate	国有股东持股量占总股本的比例
董事会中国有股东的比例	Boardrate	国有股东在董事会中的人数占董事会总人数的比例
民营企业家参政	PC	虚拟变量，当企业实际控制人当选人大代表或政协委员时则为 1，否则为 0
企业平均资产规模	Size	企业最近三年的总资产取对数后的平均值
盈利能力	Ebit	息税前利润/总资产
固定资产	Tangible	固定资产净值/总资产
企业平均资产负债率	Lev	企业最近三年的总负债/总资产的平均值
是否为当地支柱产业	Pillar_industry	虚拟变量，如果是当地支柱产业，则为 1，反之为 0
企业成长性	Growth	（当年销售收入–上年销售收入）/上年销售收入
行业	Industry	当处于该行业时为 1，否则为 0
年度	Year	当处于该年度时为 1，否则为 0

为检验本章提出的假设，根据设计的变量，分别构造了如下的线性模型（1）和线性模型（2）：

模型（1）：

$$\mathrm{Debt}_i = \alpha + \beta_1 \mathrm{Staterate} + \beta_2 \mathrm{Size} + \beta_3 \mathrm{Ebit} + \beta_4 \mathrm{Tangible} + \beta_5 \mathrm{Lev} + \beta_6 \mathrm{Pillar\_industry} + \beta_7 \mathrm{Growth} + \beta_8 \mathrm{Industry} + \beta_9 \mathrm{Year}$$

模型（2）：

$$\mathrm{Debt}_i = \alpha + \beta_1 \mathrm{PC} \times \mathrm{Staterate} + \beta_2 \mathrm{PC} \times (1 - \mathrm{Staterate}) + \beta_3 \mathrm{Size} + \beta_4 \mathrm{Ebit} + \beta_5 \mathrm{Tangible} + \beta_6 \mathrm{Lev} + \beta_7 \mathrm{Pillar\_industry} + \beta_8 \mathrm{Growth} + \beta_9 \mathrm{Industry} + \beta_{10} \mathrm{Year}$$

4. 模型说明

模型（1）用于检验 H1，即民营企业在所有权安排时引入或保留国有股权对企业获得银行贷款的影响。根据本章的理论假设，企业引入或保留国有股权的行为会显著地影响民营企业获得银行贷款，即引入或保留国有股权的企业比未引入或保留国有股权的企业更可能获得银行的信贷支持，其获得长期贷款的可能性也越大。如果假设成立，则对应于解释变量引入国有股的比例（Staterate），可以预期模型（1）中的 β_1 显著为正。

模型（2）用于检验 H2，即民营控股企业引入或保留国有股权与民营企业家参政的相互替代作用。根据本章的理论预期，如果企业未引入或保留国有股权，那么企业家参政便会对企业取得银行贷款有显著的影响；如果企业引入或保留国有股权，则这种影响力会大大减弱。如果假设成立，那么可预期模型（2）中的交乘项 PC×(1-Staterate) 的系数 β_2 显著为正，并且会显著大于另一个交乘项 PC×Staterate 的系数 β_1。

（三）描述性统计

表 5-2 是对主要变量的描述性统计，描述了样本主要变量的均值、最小值、最大值和标准差。

表 5-2　变量的描述性统计

变　量	样本数	均　值	最小值	最大值	标准差
银行贷款率	756	0.248	0.002	0.733	0.126
贷款期限	756	0.092	0.000	0.796	0.189
引入国有股的比例	756	0.065	0.000	0.2661	0.012
民营企业家参政	756	0.224	0.000	1.000	0.416
企业平均资产规模	756	20.961	15.012	24.937	0.971
盈利能力	756	0.035	-0.487	0.392	0.126
固定资产	756	0.232	0.001	0.844	0.181
企业平均资产负债率	756	0.497	0.104	1.582	0.361
是否为当地支柱企业	756	0.393	0.000	1.000	0.271
企业成长性	756	0.224	-0.745	4.801	0.561

从表 5-2 可以看出，民营控股公司的平均银行贷款率为 0.248，这说明从总体来看，银行贷款额平均约为总资产的 24.8%，虽然上市公司的融资渠道有很多，但是目前银行贷款仍是企业重要的融资来源；并且，Debt1 最大值 0.733 和最小值 0.002 之间的差距很显著，说明不同的公司获取银行贷款的能力还存在很大差异。平均贷款期限仅为 9.2%，可见我国民营上市公司仍较难取得长期债务融资，银行更加倾向于期限较短的短期贷款；并且 Debt2 最小值为 0.000，最大

值为 0.796，这说明不同民营企业能够取得的长期贷款的差别也较大。

表 5-2 还显示，国有股东持股量占总股本的比例平均为 6.5%，这足以体现出民营控股企业通过引入或保留国有股的方式与政府建立政治关联的趋势。民营企业通过这种方式与政府建立政治关联便可以获得如融资便利等对企业发展有利的资源。

另外，在控制变量方面，资产负债率均值为 49.7%；资产规模对数均值为 20.961；企业的平均盈利能力为 0.035，这说明民营控股企业的整体盈利能力还比较弱；企业成长性的平均值仅为 0.224，这说明民营控股公司仍有很大的发展空间；民营控股公司的主营业务收入为当地支柱产业收入的均值为 39.3%，这也说明了民营控股公司的主营业务收入为当地支柱产业的现象比较普遍。此外，控制变量 Size、Ebit、Tangible、Lev、Growth 的最大值和最小值的差异均比较大，这说明公司资质的差异性很大。

四、实证结果及分析

（一）变量的分组检验

在对模型进行回归分析前，先根据国有股的控制背景把样本分成两组，进行变量的分组检验。第一组是引入国有股权的企业，即国有股权的实际控制人为政府机关控制的行业主管部门、国资局、国有资产管理公司或者一般的国有企业；第二组是没有引入或保留国有股权的企业。表 5-3 列出了引入或保留国有股与未引入或保留国有股的民营控股企业在取得银行贷款和企业特征方面的差异。

表 5-3 的结果显示，引入国有股权的企业的银行贷款率平均为 23.9%，未引

表 5-3 分组之间的单变量检验

变量	分组情况		t 检验
	企业引入或保留国有组	企业未引入或保留国有组	
银行贷款率	0.239	0.203	3.533***
贷款期限	0.161	0.104	2.756***
企业平均资产规模	20.991	20.549	2.320**
盈利能力	0.072	0.063	1.691*
固定资产	0.225	0.178	4.308***
企业平均资产负债率	0.546	0.397	2.009**
是否为当地支柱企业	0.448	0.369	2.931***
企业成长性	1.239	1.198	1.312

注：* 表示在 10%水平上显著，** 表示在 5%水平上显著，*** 表示在 1%水平上显著。

入国有股权的企业则为 20.3%，前者比后者高出约 3%，且这种差异在 1%水平上高度显著；引入国有股权的企业的平均贷款期限为 0.161，而未引入国有股权的企业只有 0.104，且这种差异也在 1%水平上高度显著。这说明引入国有股权的企业和未引入国有股权的企业在银行贷款率及贷款期限方面均有显著的差异，并且民营控股企业通过引入或保留国有股权可以获得更多的银行贷款及更长的贷款期限。Shleifer 和 Vishny（1994）研究发现，政治关系是取得银行贷款的重要渠道，这也初步说明了本章的 H1，后文的多变量回归分析中会进一步论证该假设。

另外，结果显示，对于引入国有股权和未引入国有股权的企业的相关财务指标和企业特征变量，企业平均资产规模、盈利能力、固定资产、企业平均资产负债率、是否为当地支柱产业的检验结果也均是显著的。例如，引入国有股权的企业的平均资产规模为 20.991，未引入国有股权的企业为 20.549，有国有股权的企业的规模显著高于没有国有股权的企业的规模。类似地，引入国有股权的企业的固定资产也显著高于未引入国有股权的企业，这个结果与 Fraser 等（2006）的检验结果类似，有政治关系的企业的固定资产也显著高于没有政治关系的企业。就企业成长性而言，引入国有股权的企业的平均值约为 1.239，未引入国有股权的企业的平均值为 1.198，前者略高于后者，但两者之间并无显著差异。

（二）变量的回归结果分析

表 5-3 通过单变量分析初步说明了本章的假设，表 5-4 在控制了其他因素的条件下，进一步通过严格的回归分析来检验前文的假设。这里采用普通最小二乘法（OLS）进行检验，并且这里的回归分析采用了 White（1980）的异方差校正技术以避免可能存在的异方差问题。

表 5-4　假设检验结果

变　量	国有股权对银行贷款的影响		国有股权与企业家参政的替代关系	
	银行贷款率	贷款期限	银行贷款率	贷款期限
Constan	−0.867*** (−7.046)	−0.493*** (−3.871)	−0.838*** (−6.994)	−0.447** (−2.503)
Staterate	0.034** (2.168)	0.055*** (3.579)		
PC × Staterate			0.017 (0.691)	0.029 (0.833)
PC ×（1 − Staterate）			0.039** (2.135)	0.061*** (4.126)
Size	0.042*** (2.861)	0.031* (1.734)	0.047*** (2.933)	0.029* (1.674)
Ebit	−0.283*** (−7.916)	0.109* (1.711)	−0.313*** (−8.116)	0.120* (1.832)
Tangible	0.246*** (6.105)	0.171** (2.497)	0.287*** (6.392)	0.183** (2.551)
Lev	0.033* (1.724)	0.029* (1.687)	0.029* (1.715)	0.031* (1.694)
Pillar_industry	0.019** (2.251)	0.027*** (3.709)	0.017** (2.136)	0.029*** (3.725)
Growth	0.008 (1.417)	−0.003 (−0.933)	0.007 (1.338)	−0.004 (−0.957)
Industry	YES	YES	YES	YES
Year	YES	YES	YES	YES
Observations	756	756	756	756
Adjusted-R^2	0.277	0.284	0.079	0.056
F Value	19.638	19.537	6.296	6.014

注：* 表示在 10%水平上显著，** 表示在 5%水平上显著，*** 表示在 1%水平上显著。

1. 引入或保留国有股权对企业取得银行贷款的影响

（1）表 5-4 的前两列是对 H1 的检验，即引入国有股权是否对民营企业取得银行贷款具有显著的影响。其中列 1 检验的是引入国有股权对银行贷款率的影响结果，从列 1 的结果可以看出，在控制企业财务指标、公司特征变量及年份、行业效应后，引入国有股权的比例的系数在 5%水平上显著为正。列 2 检验的是引入国有股权对民营控股企业的贷款期限是否有显著的影响，在控制各种可能影响因素以后，列 2 的回归结果显示，引入国有股权的比例的系数仍然为正，且在 1%水平上显著。这说明民营控股企业引入或保留国有股权确实对企业取得银行的信贷支持有显著的促进作用，即 H1 成立。民营企业引入或保留国有股权的行为可作为非正式替代机制缓解民营企业的融资困境。另外，民营企业通过引入或保留国有股权对企业取得贷款的期限也有显著的促进作用，由于长期贷款期限较长，其风险也相对较高，银行出于盈利和风险控制目的会控制长期贷款的发放，在同等条件下，银行更愿意给企业提供短期贷款而不是长期贷款（Rajan，1992）。民营企业通过引入或保留国有股权便间接传递了一种得到政府保护的信号，对于其他条件相同的民营企业来说，银行更愿意将长期贷款配置给引入或保留国有股权的民营企业。

（2）在控制变量方面，企业平均资产规模、固定资产、企业平均资产负债率、是否为当地支柱产业对银行贷款率和贷款期限均有显著的影响，这与以往的类似研究结论基本一致。Rajan 和 Zingales（1995），Demirguc、Kunt 和 Maksimovie（1999）以及 Fan 等（2007）研究发现，企业资产负债率、固定资产和企业规模对企业取得银行贷款的确具有显著的影响。另外，盈利能力与银行贷款率呈负相关关系，且在 1%水平上显著，这可能是因为企业盈利能力较强时有更多的留存收益，企业需要的外源融资也就减少了（陆正飞、辛宇，1998）；但盈利能力对贷款期限的影响显著为正，这是因为企业盈利能力较强时，银行对企业的信用评估也会较高，企业取得长期贷款也会更容易。企业成长性对银行贷款率和贷款期限均有影响，但这种影响并不显著，这可能是因为企业的成长性并不那么容易被银行觉察到。

2. 国有股权与民营企业家参政的替代关系

表 5-4 的后两列检验了 H2，即民营控股企业引入或保留国有股权与企业家参政在影响企业获得银行贷款方面是否存在替代关系。

后两列的检验结果显示，民营企业家参政（PC）与未引入国有股权的比（1 - Staterate）的交乘项 PC×(1 - Staterate）的回归系数 β_2 均显著为正；另一个交乘项 PC×Staterate 的回归系数虽然为正值，但均没有通过显著性检验。这一结果表明，民营控股企业引入或保留国有股权与企业家参政在影响民营企业获得银行贷款方面的确存在替代关系，即 H2 成立。在企业未引入或保留国有股权的情况下，企业家参政对民营企业取得银行贷款有显著的影响；但是，当企业引入或保留国有股权时，企业便可以国有股权为企业带来融资便利，这样，企业对民营企业家参政的依赖程度便会有所减弱。另外，两个模型中控制变量的影响基本一致。

（三）稳健性检验

由于与以往文献定义政治关联的方式不同，为了进一步检验结果的稳健性，这里对被解释变量进行了替换：对引入国有股的比例 Staterate，用代表国有股东在董事会中的董事人数占董事会总人数的比例 Boardrate 来替代。检验结果如表 5-5 所示。

表 5-5 稳健性检验结果

变量	国有股权对银行贷款的影响		国有股权与企业家参政的替代关系	
	银行贷款率	贷款期限	银行贷款率	贷款期限
Constant	−0.859*** (−6.057)	−0.487*** (−3.635)	−0.812*** (−6.949)	−0.449** (−2.511)
Boardrate	0.029 (1.579)	0.051*** (3.558)		
PC × Boardrate			0.020 (1.101)	0.023 (0.766)
PC ×（1 − Boardrate）			0.037** (2.082)	0.063*** (4.339)

续表

变量	国有股权对银行贷款的影响		国有股权与企业家参政的替代关系	
	银行贷款率	贷款期限	银行贷款率	贷款期限
Size	0.041*** (2.763)	0.031* (1.729)	0.046*** (2.917)	0.043* (1.774)
Ebit	−0.285*** (−8.002)	0.108* (1.704)	−0.314*** (−8.126)	0.121* (1.843)
Tangible	0.247*** (6.117)	0.173** (2.594)	0.285*** (6.378)	0.185** (2.533)
Lev	0.034* (1.738)	0.028* (1.675)	0.028* (1.709)	0.029* (1.682)
Pillar_industry	0.018** (2.236)	0.028*** (3.719)	0.018** (2.235)	0.031*** (3.802)
Growth	0.007 (1.433)	−0.004 (−1.101)	0.008 (1.348)	−0.003 (−0.892)
Industry	YES	YES	YES	YES
Year	YES	YES	YES	YES
Observations	756	756	756	756
Adjusted−R^2	0.275	0.281	0.073	0.055
F Value	19.183	18.902	6.016	6.011

注：* 表示在 10%水平上显著，** 表示在 5%水平上显著，*** 表示在 1%水平上显著。

表 5−5 用新定义的政治关联变量替代了表 5−4 中的被解释变量。从表 5−5 的检验结果来看，在更换衡量政治关联的指标后，新的指标仍然能在很大程度上解释本章的假设，即民营控股公司引入或保留国有股权对企业获得银行贷款有显著的影响。不过，在表 5−5 中，银行贷款率与替代变量董事会中国有股东的比例还是呈正相关关系，但变得不再显著。除此之外，解释变量及控制变量在模型中的结果都与先前的检验结果基本保持一致。这说明本章的实证检验结果和结论具有较高的稳定性和可靠性。

五、小　结

民营企业融资难的问题是目前中国政府最为关心的问题之一，尽管已有不少研究从政治关联的角度来分析民营企业的融资问题，但这些研究中对政治关联的定义基本都是从民营企业家的政治身份角度来研究的。由于国有股有效持股主体的特殊性，国有股权与政府有着天然的内在联系。因此与以往研究不同，这里首次研究了民营控股公司引入或保留国有股权的行为对企业取得银行贷款的影响，这是在以前的相关研究中从未出现过的研究思路。

基于此，这里以 2005~2007 年沪深两市的 A 股民营控股上市公司为样本，系统地考察了民营控股企业引入或保留国有股权的行为对企业获得银行贷款产生的影响，同时，为了更深刻地了解国有股权在民营控股企业获得银行贷款时的作用机制，这里还进一步考察了企业引入或保留国有股权的行为与民营企业家参政在企业获得银行贷款方面的替代关系。研究发现：①民营控股企业引入或保留国有股权的行为的确对企业获得银行贷款有显著影响。在控制其他相关影响因素之后，引入或保留国有股权的企业比未引入或保留国有股权的企业获得更多的银行信贷支持。②民营控股公司引入或保留国有股权的行为与民营企业家参政在影响民营企业获得银行贷款方面的确存在替代关系。没有国有股权的企业在取得银行信贷支持时对企业家参政依赖程度较高；但当企业引入或保留国有股权时，企业在取得银行贷款时对企业家参政的依赖程度便会有所减弱。

第六章 国有股权与进入壁垒
——民营企业政治关联研究

一、引　言

改革开放以来，我国经济取得了快速的发展。来自世界银行的统计资料显示，我国国内生产总值由 1980 年的 1894 亿美元增加到 2010 年的 59305 亿美元，年均增长接近 9%。伴随着经济快速发展的是我国市场经济制度的逐步确立和我国经济结构的深刻变化，民营经济的发展对我国经济增长起到了重要的推动作用。统计数据显示，现在全国已有民营企业 800 万户，占全国企业总数的 99%，工业总产值占 60%，实现利税占 77%，出口额占 60%，城镇就业机会占 75%，且民营企业的年产值增长率一直保持在 30%左右（钟浩，2013），远高于同期国民经济增长速度。民营企业在优化资源配置、提高经济效益、维持供需平衡、扩大就业、稳定社会等方面发挥了重要作用。

然而，与国有企业相比，民营企业在进入一些国民经济的重要行业过程中却遇到了障碍。王劲松等（2005）发现，在规模以上工业企业中，民营经济成分主要集中在纺织、轻工、电子、建材和机械这些竞争性行业。在电力、煤炭、石化、烟草等垄断行业，民营经济比例则明显偏低。汪伟、史晋川（2005）通过对吉利集团的案例研究发现，吉利逐步成长的路径特征是其持续回应和消解进入壁垒的结果。来自人民网[①] 的数据显示：私营控股的投资在金融业仅占 9.6%，交通运输、仓储和邮政业仅占 7.5%，水利、环境和公共设施管理业仅占 6.6%，许多领域仍然是国有资本一股独大。由此可见，虽然国家颁布了“非公 36 条”，明确规定民营资本也可以进入原本受国家控制的一些垄断行业，但民营企业在这些领域的竞争仍然不具备优势。进入这些行业需要政府的批准，民营企业家为了进入这些行业就要和政府先处理好关系，从而提升企业的绩效，基于这方面的考量，民营企业家就有了政治身份方面的诉求。罗党论和唐清泉（2009）就发现政治身份对民营上市公司是一种市场不完善下的替代保护机制，是转型期民营企业发展自发形成的机制。通过这种机制不仅可以保护民营企业在法律不完善的条件下财产不受侵犯，而且也可以使其进入“体制”内以获得垄断行业的利润。胡旭阳（2006）对浙江万向集团的案例分析从一定程度上印证了这一点：浙江万向集团拥有了其他民营企业难以比拟的政治资源，其创始人鲁冠球具有较高的政治影响力，为中共十三大、十四大代表和九届全国人大代表、十届全国人大主席团成员。与此相对应的是，万向集团先后获得政府管制比较严的金融行业的准入资格，进行多元化投资，包括设立集团财务公司、投资保险公司、证券公司等。

企业与政府的关系已被研究了多年，而政治关联更倾向于研究企业自身主动寻求与政府的一种良性博弈与互动。不同国家由于政治体制的差异，企业所采取的政治策略和政治行为也不相同。在美国民主代议制的体制下，企业主要通过形成利益集团，以政治捐款、游说等形式实施政治策略，影响政府决策以获得对企业有利的公共政策。在印度尼西亚、马来西亚，企业的政治策略主要通过与关键政治人物之间的政治联系（Political Connection）得以实施（Faccio，2006）。在我国，有学者更多地关注企业家或董事会成员在人大以及政协的政治身份（胡旭

---

① 参见 http：//theory.people.com.cn/GB/11322298.html。

阳，2006；邓建平、曾勇，2009；罗党论、唐清泉，2009）。我国的经济处在转轨的特殊阶段，而我国的政治体制在世界上有特殊性，所以政治关联在我国的研究就具有其特殊性和复杂性。我国的人大和政协与西方议会制度有着不同的组织结构方式，全国人大代表和政协委员都是从地方各相关部门推举产生，考虑到社会的广泛性，人大代表和政协委员是由官员、学者、企业家等多个阶层组成，而国家官员又是其中最重要的组成部分，这样企业家们在参与国家事务的同时也具有一个和官员沟通和反映自己想法和意见的平台，所以我国学者多把当选人大代表和政协委员或引入政府官员作为企业的政治关联途径。但是被学者们普遍忽略的一种中国民营企业非常重要的政治关联渠道，是民营公司在公司所有权安排中有意引入国有股权或买壳上市时保留一定比例的国有股权。国有股一般由国务院授权的部门或机构持有，或根据国务院的决定，由地方人民政府授权的部门或机构持有，民营企业中保留国有股权代表着与政府有着天然的联系。图 6-1 就很好地说明了这一点。

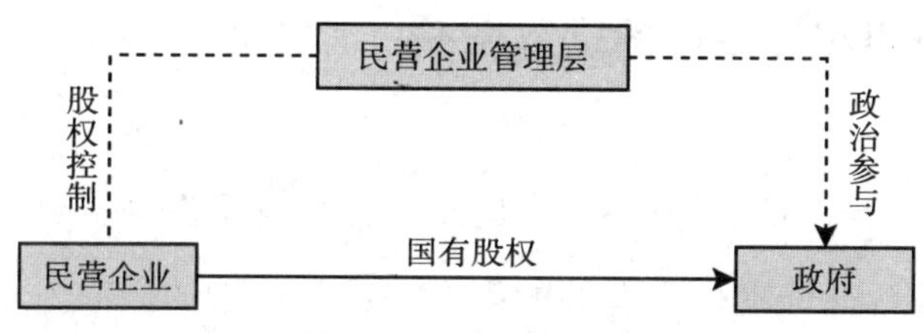

图 6-1　民营企业的两种政治关联途径

国有股权是我国公司治理的核心问题，也是我国企业改革过程中需要予以关注的重大问题。在中国的经济体制下，国家控制着经济的主导产业，可以通过国有成分的企业直接参与企业的运营，同时政府部门也担当着监督者和管理者的角色，对某些关乎国家经济命脉的行业进行重点管制。不可否认，企业引入国有股权在产权保护、获取资源、融资便利、行业扩张等经营战略方面有着先天优势，引入国家股权正是民营企业政治关联的重要渠道。国有股权所带来的社会资本包括社会声誉，除了能抵消制度环境的部分负面效应外，对于包括融资便利、进入行业壁垒、多元化发展、应对其他民营企业竞争等经营战略都可能有好处。所以这里将改变原有学者对我国政治关联的度量，选择研究我国所特有的民营企业中国有股权在打破进入壁垒中的作用和机制。本章分析了民营企业保留国有股权的动机和国有股权在民营企业中的作用机理，不同于以往的产权理论，国有股权在民营企业中的作用不仅是一个监督制衡的角色，同时也在获取资源、突破壁垒等方面给予民营企业有效的制度保护，这也在一定程度上解释了 Allen 等（2005）提出的著名的“中国之谜”（Puzzle of China）：在制度保护不完善的情况下，民营企业找到了一种对其具有保护作用的替代机制。

二、理论分析与研究假设

（一）产业组织理论中的进入壁垒

在经典的西方经济学理论中，市场总是完全竞争性的，这只“看不见的手”可以引导资源进行最合理、最有效的配置，但是后来的研究发现市场并不完美，信息不对称、垄断等因素可能会使资源配置的效率下降。[①] 在垄断市场中，外部厂商无法自由地进入这个市场，一方面垄断势力可以依靠自身已经取得的优势进行垄断定价，剥夺消费者剩余；另一方面寡头控制的垄断市场不利于发挥市场的竞争力和创新能力。通过垄断获得优势的企业可能因为超额利润而失去创新的动力，这样不仅会损害市场的资源配置作用，而且也会阻碍企业和国家长远竞争力的提高，因此产业组织理论就拓展了原有的市场理论，将其研究的对象设定在不

① 当然也有学者认为，具有一定的市场势力的垄断企业对市场竞争效率有正面作用，但这些主要通过差异化、专利来实现，与本书讨论的壁垒造成的垄断不同。

是完全竞争的领域，于是就有了关于市场壁垒方面的研究。

市场壁垒可以被认为是一切阻碍新企业进入的不利因素，但是关于市场壁垒的具体定义，不同学派有不同的观点。进入壁垒的概念首先由贝恩提出，其定义为“一个产业中原有企业相对于潜在进入企业的优势，这些优势体现在现在原有企业可以持续地使价格高于竞争水平之上而又不会吸引新的企业加入该产业”。贝恩认为进入壁垒就是使潜在进入者与在位者相比处于不利竞争地位的因素，他把这些因素主要归结于：①在位企业的绝对成本优势；②产品差异；③规模经济。而芝加哥学派的施蒂格勒（1971）则认为，进入壁垒是一种生产成本，这种成本是打算进入这一行业的新厂家必须承担，而已在该行业内的厂家无须承担的。因此，芝加哥学派认为贝恩所提出的因素不是壁垒形成的主要原因，他们更强调政府管制给企业带来的成本增加。基于这样的定义，可以把壁垒分为市场性的壁垒和制度性的管制壁垒。在我国，很多国有大型企业控制的行业准入一直受到政府审批、法律法规的限制，民营企业即使有资本和技术也难以通过政府的审批，这是造成这些行业进入壁垒高的重要原因。

（二）国有股权在民营企业突破进入壁垒中的作用

根据于良春、菅敏杰（2013）对 2009 年和 2010 年行业职工平均工资截面数据的统计显示，13 个垄断行业的职工平均工资水平与全国平均水平相比，除了邮政业与水的生产和供应业略低于全国平均水平，其他行业均大幅高于全国平均水平。其中上海浦发银行员工工资及奖金人均为 29.66 万元，员工的其他福利人均 6.08 万元，两者合计为人均 35.74 万元，是当年城镇企业在岗职工平均工资的 10 倍，行业差距已经是我国居民收入差距的关键因素之一。职工收入差距的背后体现的是企业的盈利能力，这些行业中的企业大多都取得了丰厚的利润，而金融、烟草、电力、保险、电信这些行业大多受到政府的管制，民营企业如果想进入这些行业首先要通过国家主管部门的许可。

在我国，改革之前实行的是计划经济体制，所有行业的进入以及产品的生产、定价等都是由政府直接规定的，市场经济的引入虽然打破了这种行政垄断，但因体制的惯性、对市场机制和政府职能缺乏充分理解以及部门和地方政府利益的存在等原因，在经济现实中存在着比较广泛的行政垄断现象（李世英，2005）。从行业的准入来看，企业投资项目在中国一直需要相关部门审批，而对于电力、航空、能源等垄断行业更是有专门的审批部门和相应的条例法规。可见，转型经济中的产业进入壁垒不仅来自市场环境的竞争压力，更重要的还来自转型经济中政府对特定行业的管制。剧锦文（2011）总结国内外对我国进入壁垒的研究得出，与市场经济发达国家的垄断产业相比，我国垄断产业的进入壁垒更多的是由制度或行政性因素造成的，所以要突破壁垒进入这些政府管制的行业，民营企业必须要把和政府的关系作为企业战略的一部分。李广子、刘力（2012）已经发现政治联系对于民营企业的价值越大，原国有控股股东在民营化后的公司中持有股份的可能性越高，持股比例也会越高。

由于中国的经济体制特点，国有股权的性质决定了其与政府保持着天然的直接关系或间接关系，国有股权在民营企业中的存在，无疑会给民营企业起到制度层面的声誉担保作用。国有股东发挥了传递企业获得政府支持及企业实力信号的作用，有助于企业获得额外的发展机会和各种资源，促进民营企业的发展。而且国有股权的这种政治关联是在制度层面，所起的作用可能远超表面层次上的民营企业家的参政作用。因此，我们认为民营企业引入或保留国有股东，将有助于企业进入政府管制的高壁垒行业。

基于以上分析，提出第一个假设：

H1：相比那些不具备国有股权的民营企业，引入或保留国有股权的民营企业进入政府管制的高壁垒行业的可能性更大。

（三）民营企业的国有股权与民营企业家参政在突破进入壁垒中的替代效应

转轨阶段我国市场体制建设还在深化，法律、法规也有很多规定不完善的地方，地方政府就会以一种特殊身份参与到经济资源的分配中，民营企业引入国有股权，也是为了取得政府的信任，使得政府允许企业在政府“不放心”的管制行业中进行经营。罗党论、刘晓龙（2009）分析了民营企业家与政府间关系对民营企业突破管制壁垒的作用，他们通过统计 2004~2006 年的民营上市公司样本数据发现：很多民营企业管理者具有政治身份，民营企业的政治关系越强，越容易进入壁垒高的行业，而进入高壁垒的行业及进入程度大的民营企业的绩效要显著高于其他企业。胡旭阳（2006）对浙江省民营百强企业的研究发现：民营企业家的政治身份具有部分替代正式法律制度为民营企业提供产权保护的作用，民营企业家的政治身份通过传递民营企业质量信号降低了民营企业进入金融业的壁垒。

我们认为，民营企业引入和保留国有股权在民营企业进入管制行业过程中与民营企业家参政也具有类似的作用。相比个别的民营企业家参政，民营企业通过国有股权与政府建立的这种政治关联是在制度层面的，民营企业通过引入或保留国有股权与代表国有股的股东建立了一种更直接的利益关系，在利益动机的驱动之下，地方政府（或国有企业）会在新的体制框架中寻求与民营企业建立新的联系，通过反复博弈，民营企业与地方政府（或国有企业）之间倾向于建立一种“双赢”的合作关系。这种政治关联方式在制度层面上可能比民营企业家仅是一个人大代表或政协委员所产生的声誉效果要更能为社会所接受，并且所获得的社会资源更多，政府可能在政策扶持力度方面也更加大胆。所以可以认为，民营企业引入和保留国有股权在企业突破管制壁垒方面可能对民营企业家参政起替代作用，从而降低对民营企业家参政的依赖性，因此提出第二个假设：

H2：引入或保留国有股权与民营企业家参政在影响民营企业进入高壁垒行

业方面具有替代作用，相对于引入或保留国有股权的民营企业，未引入或保留国有股权的企业在进入高壁垒行业时对企业家参政的依赖程度较高，反之反是。

三、数据来源和研究设计

（一）政治关联和行业壁垒的度量

关于政治关联的刻画，国内外相关文献提供了多种不同的方法：Fan 等（2007）将 CEO 现在或者曾经在政府机关或军队任职看作是具有政治关联；Faccio（2006）认为，如果公司的控股股东或高管是国会议员、总理或与某位高官及政党有紧密联系就是有政治关联；潘红波等（2008）把上市公司的总经理或董事长曾为政府官员作为公司有政治关联的标志；胡旭阳（2006）用民营企业的实际控制人是否当选人大代表或政协委员来表示民营企业家的政治身份，而且他将民营企业家的政治身份根据级别划分为多个等级分别赋予权重。

与以往文献不同，这里用国有股权的多少来衡量企业的政治关联。在定义民营上市公司的政治关联时，这里采用引入国有股的比例（Staterate），国有股的持股主体包括政府主管部门、国资局委、国有资产管理公司以及一般的国有企业，可以认为引入或保留国有股权比例越高，则政治关联越强，如果企业未引入国有股权，则无政治关联。另外，本章将引用胡旭阳对政治关联的刻画作为替代研究，即用民营企业的实际控制人是否当选人大代表或政协委员来表示民营企业家的政治身份（PC）。这是参考了对政治关联相关研究文献的结果，一方面是考虑到数据的真实性和可获得性，人大代表与政协委员的身份都是公开透明的；另一方面这样的身份刻画也具有比较明显的国家与地区特色。

测量进入壁垒的方法有多种，通常有通过价格扭曲率和超额利润率来度量进入壁垒，也有通过企业数目和企业规模的比重来衡量进入壁垒的高低。但对于行政壁垒的度量，学术界还没有形成统一的观点，有学者针对我国国有企业占主导地位的产业分布特点以及我国转型期的行政壁垒，从国有控股企业的利润率以及国有控股企业的数量来界定壁垒行业以及行政壁垒的大小。刘小玄（2003）在研究行政壁垒时首先引入国有经济比重作为反映各行各业的行政进入壁垒的强弱差异的重要指标。丁启军和伊淑彪（2008）分别使用二维分析法和综合加权排序法来对我国行政壁垒行业进行判定，他们采用了国有化比重、行业集中度和产业利润率三个综合指标。陈斌等（2008）按照 Wind 各行业对应的行业进入壁垒指数，专门对民营企业所面临的进入壁垒进行了指数刻画，他们将上市公司所处的行业划分为三大类。第一类：进入壁垒高的行业（进入壁垒指数在 7~10），包括建筑与工程、能源设备与服务、金属、非金属与采矿、汽车、资本市场、电力、燃气、复合公用事业及水务、公路与铁路运输、媒体、海运、航空及航空物流和货运，这类行业通常属于国有垄断或者具有较强的垄断特征；第二类：进入壁垒中等的行业（进入壁垒指数在 4~6），如建筑产品、综合类、汽车零部件等；第三类：进入壁垒低的行业（进入壁垒指数在 1~3），如纺织品、服装与奢侈品、酒店餐馆与休闲、容器与包装、食品与主要用品等。这里参考罗党论和刘晓龙（2009）的研究，沿用陈斌的行业壁垒指数，将属于第一分类的行业作为高壁垒行业。

（二）样本数据

这里的样本取自民营控股上市公司的第一大股东为民营企业或实际控制权属于民营企业的 A 股上市公司，包括上市时就是民营企业性质的公司和上市后通过改制转变为民营性质的上市公司。中国上市公司虽然提供了股权结构的基本信息，但是年报中对股权结构只是从国有、法人和流通股等有利于监管的角度进行了区分，实际上法人股的持有者既可能是民营企业，也可能是国有企业，所以要从终极股权结构的角度来界定上市公司到底由何种产权所有者来控制。为此，这里根据年报中的股权结构信息，利用互联网等其他信息渠道，尽量确定每个上市公司的终极控制链，并从中选取终极控股股东产权属性是民营的上市公司为研究样本。

这里以 2005~2007 年所有沪深交易所上市的民营上市公司为原始样本，并按照以下原则对原始样本进行剔除：①剔除 ST、PT 等被特殊处理的上市公司；②剔除高管个人简历信息缺失的公司；③剔除国有上市公司通过股权转让而转化为民营企业的样本，这样是为了保证民营上市公司政治关联的纯粹性；④剔除金融保险这些会计准则与其他行业不同的公司。最后，得到样本 2005 年 170 个，2006 年 252 个，2007 年 284 个，合计 706 个。上市公司的董事会背景资料来自 CSMAR 中的公司治理数据库，制度环境数据来自樊纲等编制的中国各地区市场化指数体系，财务数据来自 CSMAR 中的公司财务年报数据，其余数据来自 Wind 数据库。此外，关于企业家政治身份的数据主要通过互联网进行检索分析。

（三）变量定义与检验模型

综上所述，我们选取进入壁垒指标（Barrier）作为被解释变量，民营企业的国有股比例（Staterate）以及民营企业家参政（PC）作为主要的解释变量，同时控制了企业的多元化程度变量（HI），因为多元化会对企业进入高壁垒行业产生正向作用。其他变量还包括：规模变量（Size），规模越大越有能力和动力进行多元化和进入高壁垒行业经营；民营企业的主营业务收入是否为当地支柱产业（Pillar-industry），若民营企业的主营业务为当地支柱产业，那么当地政府出于政绩考核等政治目的便会对该企业大力扶持，民营企业也就可能通过拿到较便宜的土地而进入房地产业，或者可能通过审批拿到当地的优质矿产资源等；国有股股东在企业所有股东中的排名（Rank），如果企业有不止一家国有股股东则将其股份合并进行计算；民营企业上市年限（Age）；平均资产负债率（Lev）；总资产利润率（ROA）；行业（Industry）和年度变量（Year）。详细的变量定义见表 6-1。

表 6-1 变量定义

变 量	符 号	定 义
行业壁垒	Barrier	虚拟变量，如果进入高壁垒行业则值为 1，否则为 0
引入国有股的比例	Staterate	国有股东持股量占总股本的比例
董事会中国有股东的比例	Boardrate	国有股东在董事会中的人数占董事会总人数的比例
民营企业家参政	PC	虚拟变量，当企业实际控制人当选人大代表或政协委员时则为 1，否则为 0
多元化程度	HI	HI 为赫芬达尔指数，0 < HI≤1，指数越小，企业经营越多元化
企业平均资产规模	Size	企业最近三年的总资产取对数的平均值
主营业务是否为当地支柱产业	Pillar-industry	虚拟变量，是则取 1，不是则取 0
国有股份在企业所有股份中的排名	Rank	国有股份在企业所有股东中排第二位则为 5，相应依次为 4、3、2，第六位及之后统一为 1
上市年限	Age	企业上市的年限
总资产利润率	ROA	企业当年净利润/总资产的平均值
企业平均资产负债率	Lev	企业当年总负债/总资产的平均值
年度	Year	当处于该年份时为 1，否则为 0

为了检验本章提出的假设，分别构造了如下的 Logistic 回归方程模型：

模型（1）：

$$\mathrm{Ln}[P_{Barrier}/(1-P_{Barrier})]=\alpha+\beta_1 \mathrm{Staterate}+\beta_2 \mathrm{HI}+\beta_3 \mathrm{Size}+\beta_4 \mathrm{Pillar\_industry}+\beta_5 \mathrm{Rank}+\beta_6 \mathrm{Age}+\beta_7 \mathrm{ROA}+\beta_8 \mathrm{Lev}+\beta_9 \mathrm{Year}$$

模型（2）：

$$\mathrm{Ln}[P_{Barrier}/(1-P_{Barrier})]=\alpha+\beta_1 \mathrm{PC}\times \mathrm{Staterate}+\beta_2 \mathrm{PC}\times(1-\mathrm{Staterate})+\beta_3 \mathrm{HI}+\beta_4 \mathrm{Size}+\beta_5 \mathrm{Pillar\_industry}+\beta_6 \mathrm{Rank}+\beta_7 \mathrm{Age}+\beta_8 \mathrm{ROA}+\beta_9 \mathrm{Lev}+\beta_{10} \mathrm{Year}$$

其中，模型（1）为了检验 H1，即相比那些不具备国有股权的民营企业，引入或保留国有股权的民营企业进入政府管制行业的概率更大。使用 Logistic 回归方程模型来分析民营企业中国有股权的比例对民营企业进入高壁垒行业的概率。模型（2）用来检验 H2，即引入或保留国有股权与民营企业家参政在影响民营企业进入高壁垒行业方面具有替代作用，如果假设成立，那么可预期模型（2）中交乘项 PC×（1-Staterate）的系数会显著大于另一个交乘项 PC×Staterate 的系数。

四、实证检验和分析

（一）数据的描述性统计及相关性分析

表 6-2　变量的描述性统计

变　量	样本数	均　值	最小值	最大值	标准差
Barrier	756	0.152	0.000	1.000	0.189
Staterate	706	0.065	0.000	0.2661	0.012
PC	706	0.224	0.000	1.000	0.416
HI	706	0.830	0.282	1.000	0.212
Size	706	20.961	15.012	24.937	0.971
Pillar-industry	706	0.382	0.000	1.000	0.212
Rank	706	2.575	0	5	2.480
Age	706	4.168	1	10	2.907
ROA	706	0.071	-0.355	0.459	0.154
Lev	706	0.497	0.104	1.582	0.361

（1）表 6-2 是对主要变量的描述性统计，可以看出，有 15.2%的民营企业进入了存在壁垒的行业，这说明民营企业虽然规模越来越大，涉足的领域也越来越广，但是在进入受政府管制的一些高壁垒行业时还是受到了很大的限制。不过相比于以往来看，这里采集的数据中有些民营企业还是进入了汽车、采矿等相对门槛较高的行业，这说明对于这些非国家安全战略核心产业，国家的管制政策也可能在逐步放松。国有股东持股量占总股本的比例平均为 6.5%，这个比例虽然不高，但足以体现出民营控股企业通过引入或保留国有股的方式与政府建立政治关

联的趋势，这也在一定程度上说明了国家对企业控股方式的多元化，由以前多采取单一国有控股到现在通过公司股权分配的方式对经济施加影响可能更具有灵活性与合理性。此外，民营企业家参政比例均值为22.4%，可见部分民营企业家还是有掌握政治资源的倾向的。赫芬达尔指数为0.83，比较接近于1（即单一产业经营），说明民营企业的多元化经营不如预想的广泛，可见民营上市公司大多还是以核心业务为主，这可能是因为我国民营上市公司处在发展的初期，平均资产规模还比较小，并没有像国际国内巨头一样进行大规模的相关产业链控制，这方面民营企业还有很大的发展空间。

表 6-3 主要变量的相关性检验

变 量	Barrier	Staterate	PC	HI	Size	Pi	Rank	ROA	Lev
Barrier	1.000								
Staterate	0.091**	1.000							
PC	0.106***	-0.087***	1.000						
HI	-0.074*	-0.053	-0.062	1.000					
Size	0.038	0.232***	0.152***	-0.139***	1.000				
Pillar-industry	0.075*	0.087**	0.176***	0.059	0.064*	1.000			
Rank	0.008	0.077*	-0.053	0.004	0.038	0.042	1.000		
ROA	0.067*	0.053	0.078*	-0.035	0.094**	0.065*	0.009	1.000	
Lev	0.011	0.083**	0.044	-0.025	-0.010	-0.020	0.054	-0.053	1.000

注：***、** 和 * 分别表示 t 检验值在 1%、5%和 10%水平上统计显著。

（2）表6-3是对各研究变量的相关性检验结果，可以看出，公司能够进入高壁垒行业和公司的政治联系呈显著正相关关系，这也为本章的H2提供了继续研究的基础，即保持某种政治关系不论是民营企业家参政还是民营企业引入国有股权都可以帮助民营企业进入政府监管下的高壁垒行业。企业的资产规模与企业的政治关系也显著正相关，这可能表明民营企业想得到政府青睐是有一定规模门槛的。本地企业规模越大肯定对地方政府的税收、就业等贡献也越大，民营企业家也越有可能需要同政府建立某种联系，而政府也可能越有兴趣对民营企业进行政治上的关照。此外，企业的多元化系数为负，这说明多元化与民营企业进入高壁垒行业也存在正相关关系。企业规模系数为正，原因可能有两点：一是企业规模越大才越有资金和意愿进行跨行业的投资；二是可能高壁垒行业本身对企业规模有要求，当企业达到一定的规模，政府才会批准这个企业进入这些高壁垒行业。

（3）在对模型进行回归分析前，我们根据国有股的控制背景把样本分成两组，进行变量的分组检验。第一组是引入或者保留国有股权的企业，即国有股权的实际控制人为政府机关控制的行业主管部门、国资局、国有资产管理公司或者一般国有企业；第二组为没有引入或保留国有股权的企业。表 6-4 列出了引入或保留国有股与未引入或保留国有股的民营控股企业在企业特征方面的差异。

表 6-4　变量的分组检验

变　量	分组情况		t 检验
	企业引入或保留国有组	企业未引入或保留国有组	
Barrier	0.239	0.103	3.643***
HI	0.761	0.804	0.091
Size	20.991	20.349	2.320**
Pillar-industry	0.443	0.364	2.852***
Age	4.233	4.171	1.063
ROA	0.073	0.068	0.832
Lev	0.516	0.477	1.409*

注：***、** 和 * 分别表示 t 检验值在 1%、5%和 10%水平上统计显著。

表 6-4 的结果显示，引入或保留国有股权的企业与未引入国有股权的企业在企业的相关特征上有比较明显的不同。拥有国有股的企业进入高壁垒行业的均值为 0.239，即有 23.9%的企业进入了高壁垒行业进行经营，相对应的不具备国有股权的企业只有 10.3%被允许在高壁垒行业经营，两者之间比较 t 值为 3.643，体现出较明显的差异。此外，有国有股份的民营企业的资产规模对数要大于没有国有股份的民营企业，这与前文的讨论一致，即民营企业规模越大才会更有资源引入国有股权，政府也更倾向与有影响力的企业进行合作。在主营业务的经营上，引入和保留国有股的民营企业经营本地支柱产业的比例明显高于未引入国有股的民营企业，这可能说明民营企业与政府之间是一种合作博弈，民营企业的发展需要政府的支持，政府也会鼓励本地民营企业发展本地的支柱产业。

（二）回归结果分析

表 6-5 是对政治联系与行业壁垒之间关系的 Logistic 回归结果，两组分别检验了政治联系对突破行业壁垒的作用和两种政治联系之间的替代关系。

表 6-5 假设检验结果

变 量	国有股权对进入高壁垒行业的影响		国有股权与企业家参政的替代关系	
	模型 1	模型 2	模型 3	模型 4
Constant	1.457** (2.614)	1.393** (2.457)	1.338** (2.494)	1.473** (2.503)
Staterate	0.234** (2.074)	0.255** (2.169)		
PC × Staterate			0.047 (0.691)	0.054 (0.833)
PC × (1 – Staterate)			0.239** (3.135)	0.261*** (4.126)
HI		-0.109* (1.621)		-0.120* (1.832)
Size		0.211** (2.397)		0.183** (2.351)
Age		1.981 (1.127)		2.381 (1.052)
Lev		0.029 (0.085)		0.031 (0.091)
Year	YES	YES	YES	YES
Observations	706	706	706	706
LR chi2	101.76***	125.85***	57.38***	74.69***
Nagelkerke R^2	0.177	0.192	0.064	0.075

注：***、** 和 * 分别表示 t 检验值在 1%、5%和 10%水平上统计显著。

从表 6-5 的结果来看，引入国有股比例与企业进入高壁垒行业呈显著的正相关关系，在控制了其他影响因素之后，国有股比例的系数依然为正（0.255），且在 5%的水平上显著。这证明 H1 成立，即民营控股企业引入或保留国有股权确实对企业进入高壁垒行业有显著的促进作用。此外，公司规模大小和多元化公司特征变量也对企业进入高壁垒行业有影响，这与罗党论和刘晓龙（2009）使用民营企业家政治身份作为政治关系来检验民营企业进入管制行业的结果一致。在控制变量上：后两列的检验结果显示，民营企业家参与政治同时企业未引入国有股权（Staterate）的交乘项 PC×（1－Staterate）的回归系数显著为正；另一个交乘项 PC×Staterate 的回归系数虽然为正值，但均没有通过显著性检验。这一结果表明，民营控股企业引入或保留国有股权与企业家参政在影响民营企业进入高壁垒行业的作用存在替代关系，即 H2 成立。

尽管民营企业在我国经济增长中扮演着日益重要的角色，但民营企业主要集中在一般竞争性产业，较少进入基于市场垄断和行政垄断的垄断产业（王劲松、史晋川、李应春，2005），而这些垄断产业的高利润、高壁垒又使它们有动力去争取打破行业壁垒，进入这些具有超额利润的产业。我国转型期的经济还存在着一些法律的不确定性和行政管理的不确定性，政府掌握着进入这些行业的审批权力，在没有法律明确规定允许或不允许的情况下，民营企业拥有的政治资源将影响企业获得相关行业许可资格的可能。民营企业家通过进入人大或政协或引入国有股权来建立与政府之间的联系，使自己与政府形成良好互动，从而营造有利于自身发展的外部政治环境，进而取得经济利益。这里的实证也说明了企业与政府的关系将有助于其打破壁垒，进入政府管制的高壁垒行业。

（三）稳健性检验

与以往文献定义政治关联的方式不同，为了进一步检验结果的稳健性，这里对被解释变量进行了替换，对引入国有股的比例（Staterate），用代表国有股东在董事会中的董事人数与董事会总人数的比例（Boardrate）进行替代。结果同样显示，在控制了其他变量之后，代表国有股东的董事人数在董事会的比例与进入壁垒正相关，即国有股股东有助于民营企业进入高壁垒行业，如表 6-6 所示。

本章分析的样本包含 700 多家公司，这些公司分布在多个省份和地区，省际分布极其不均衡，而且各个省份的发展水平和经营环境有很大不同。一个地区的

表 6-6 稳健性检验结果

变 量	国有股权对进入高壁垒行业的影响		国有股权与企业家参政的替代关系	
	模型 1	模型 2	模型 3	模型 4
Constant	1.842** (2.614)	1.603** (2.457)	1.338** (2.494)	1.473** (2.503)
Boardrate	0.374** (2.074)	0.315** (2.169)		
PC × Boardrate			0.047 (0.691)	0.054 (0.833)
PC × (1 – Boardrate)			0.239** (3.135)	0.261*** (4.126)
HI		-0.135* (1.621)		-0.120* (1.832)
Size		0.329** (2.397)		0.183** (2.351)
Age		1.354 (1.127)		2.381 (1.052)
Lev		0.037 (0.085)		0.031 (0.091)
Year	YES	YES	YES	YES
Observations	706	706	706	706
LR chi2	113.92***	127.55***	60.21***	75.66***
Nagelkerke R^2	0.186	0.191	0.069	0.080

注：***、** 和 * 分别表示 t 检验值在 1%、5%和 10%水平上统计显著。

非国有经济越发达，民营经济的比重越大，该地区的民营经济受到“所有制歧视”的程度越低，这必然对企业政治关联的建立产生重要的影响。对于这种区域分布的差距是否会影响结论的可靠性，这里以樊纲、王小鲁、朱垣鹏研究的“非国有经济的发展”指数作为非国有经济发展程度度量的指标。我们取东部、西部、中部几个省份分别进行检验，研究同样发现：各个地区的民营企业的国有股权的比例与民营企业进入高壁垒行业的可能性正相关。

五、小　结

改革开放 30 多年来中国的经济取得了快速发展，我国的经济结构也相应发生了深刻的变化，这主要在于我们进行了制度变革，由计划经济体制转变为市场经济制度不仅解开了对国有企业的束缚，也激发了民营企业家创业的热情。虽然改革后国有企业大量倒闭退出，但民营企业迅速和有效地填补了原来国有企业的市场，激烈的国内外竞争也增强了我们国有企业的竞争力，在市场这只“看不见的手”的推动下，民营企业和国有企业共同发展，我国经济资源的配置也更加合理高效。

但与此同时，民营企业在关键领域中与国有企业竞争时还是受到了不同程度的限制（王劲松等，2005；胡旭阳、史晋川，2008；罗党论、刘晓龙，2009；杜兴强等，2011），这大大制约了我们民营经济发展和市场效率的进一步提高，政治关联就作为一个对市场制度不健全的替代保护机制，来帮助民营企业获得与国企同样的地位。从这个思路出发，国内学者参考国外的研究，把民营企业家参政作为政治关联的重要方式来研究我国的政治关联现象，而普遍忽略了引入国有股权这一具有我国特色的政治关联方式。国有股权代表着国家的利益，与政府有着天然的联系，在制度层面可能比民营企业家仅是一个人大代表或政协委员所产生的效果要更为有效合理。另外，本章从突破行业进入壁垒这个角度来研究民营企业中国有股权的作用，这在以往的研究尚不多见，从而为理解国有股权在民营企业中的作用提供了一个新的视角。

本章以 2005~2007 年沪深两市的 A 股民营控股上市公司为样本，系统地考察了民营控股企业引入或保留国有股权的行为对企业进入高壁垒行业的影响，同时还进一步考察了企业引入或保留国有股权的行为与民营企业家参政在企业进入高壁垒行业的替代关系。研究发现：①民营控股企业引入或保留国有股权的行为的确对企业进入高壁垒行业有显著影响。在控制其他相关影响因素之后，引入或保留国有股权的企业比未引入或保留国有股权的企业进入高壁垒行业的概率要大。②民营控股公司引入或保留国有股权的行为与民营企业家参政在影响民营企业进入高壁垒行业上存在替代关系。没有国有股权的企业在进入高壁垒行业时对企业家参政依赖程度较高，反之则有所减弱。

本章的研究结果表明，民营企业引入国有股权确实对其进入受管制的高壁垒行业有积极作用。但限于有关研究较少，相关文献尚不充分，对民营企业引入国有股权的刻画可能缺乏全面性。国有股权过大是否会对民营企业的绩效起负面作用？国有股权对民营企业进入高壁垒行业的作用会不会因为中国的市场化提高而弱化？这些都有待于更深入全面的研究。

第七章 国有股权、民营企业家参政与企业的多元化投资

一、引　言

多元化经营作为企业发展战略的一种而被众多企业所选择，其最早是由美国学者 Gort 在 1962 年提出的。多元化是指企业产品的市场异质性的增加，其强调产品的细微差别化，它指的是跨产业的产品或服务的经营行为。20 世纪 60 年代以来，企业间混合兼并发展多元化企业开始风行，而直到 20 世纪 90 年代，多元化经营战略才成为我国企业改革的普遍做法。企业热衷于多元化经营，大肆并购和发展与企业主业并不相关的业务，其理由是通过多元化投资不仅可以提高企业的价值，而且还可以分散企业的经营风险；同时，多元化投资的企业还能够通过内部资本市场的资源配置功能，在企业内部实现资源的有效配置。姜付秀、刘志彪、陆正飞（2006）研究发现，我国上市公司的多元化对企业价值具有正效应，多元化经营可以提高企业的价值；企业的多元化对企业收益的波动具有负效应，即多元化降低了企业收益的波动程度，分散了企业的经营风险。

但是对于我国企业而言，民营企业的多元化投资面临着诸多困难和挑战。众

所周知，我国的政治体制决定了我国的各级政府都属于强势政府，政府充当着资源分配者的角色，在经济中起着主导作用。一般企业很难通过进入那些政府严格管制和保护的行业来实现其多元化经营的目标。正因为此，对于我国企业来说，多元化资源属于一项稀缺资源，并非每个企业都能随心所欲地进入其他行业，严重的市场分割、产权歧视与行业壁垒等都是制约企业多元化的重要因素。有关调查数据显示，垄断行业中民营资本进入比重最多的不超过 20%，而有"铁老大"之称的铁路行业，这一比例更是仅有 0.6%。

在中国经济转轨过程中，与国有企业相比，民营企业多元化投资的难度远高于国有企业。在正式制度受到制约的情形下，民营企业为了寻求更好的发展，便会选择依赖于非正式的制度来降低其多元化投资的难度。已有研究表明，民营企业可以通过建立政治关联来实现企业多元化程度的提高。Chang 和 Hong（2002）与 Guillen（2000）等的研究均表明，政府对企业的支持，包括授权、政策支持乃至直接投资，是促成企业多元化程度提高的重要原因；Chung（2004）认为，企业从政府获得相应的资本、税收优惠政策、行业准入许可是促成企业多元化的重要因素。国内学者对此也进行了一些实证研究，巫景飞等（2008）认为，企业高管政治网络中所蕴含的社会资本对企业多元化战略具有显著的正向促进作用；胡旭阳和史晋川（2008）研究发现，民营企业拥有的政治资源与民营企业的多元化程度之间存在显著的正相关性；邓新明等（2011）也得到类似的观点。

但这些研究通常是从民营企业家参政的角度来分析的，政治关联主要体现为民营企业家的政治身份、董事长或 CEO 的政治身份和政府官员背景。民营控股公司在所有权安排时有意引入国有股权或在买壳上市时保留一定比例的国有股权是一种重要的政治关联渠道，但却长时间被学者们忽略。在中国转轨经济的制度背景下，国有股权在市场经济中依然占据较大的比重，而在上市公司中，国有股参与的企业更是占绝大多数。我国的政治体制决定了国内各级政府都属于强势政府，在经济中起着主导作用。国有股的引入能够向外界传递企业获得政府支持的信号，这是一种重要的声誉机制，有利于企业进行多元化投资。因此，我们认为，民营控股公司在所有权安排时引入或保留国有股权可能在很大程度上起到民营企业家参政的作用，甚至其作用可能超过民营企业家参政。

本章从新的视角研究了民营企业的政治关联问题，从理论和实证层面深入探讨了民营企业在安排所有权时引入或保留国有股权对企业多元化的影响，同时也实证考察了民营企业的国有股权与民营企业家参政在企业多元化投资方面的替代作用。对这些问题的研究，不仅有助于我们更加准确地理解和把握企业政治关联的内在逻辑，而且丰富并发展了企业政治关联在公司金融学领域的研究内容，还能够为政府部门的制度建设提供新的理论依据。总之，本章无论是对民营企业的理论研究与政策实践，还是对丰富学术文献都有重要的意义。

本章的安排如下：第二部分为理论分析与研究假设；第三部分是研究设计；第四部分是实证检验的结果及分析；第五部分给出研究结论及讨论。

二、理论分析与研究假设

（一）国有股权与政治关联

企业行为内生于制度，并倾向于趋利避害。在转轨经济中，由于支持市场发展的基础性制度欠缺，如行业准入的政府审批、信贷资源的非市场配给等，政府通常对经济资源的配置实施很强的控制，从而导致民营企业需要依赖于一些替代性的非正式机制来支持企业的发展，其中政治关联就是一种非常重要的替代机制。民营企业试图通过建立政治关联来促使影响企业生存空间的法规与政策向着有利于企业的方向发展。现有研究表明，在制度越落后的国家或地区，企业越有动机通过建立政治关联来克服制度缺失对企业成长的阻碍。

国有股权是指由国家授权的投资主体作为股东，对应其以国有财产进行投资而在公司中形成的相应股份所享有的收益和权能的总和。国有股权是当前企业国有资本的主要存在形式，从根本上讲，其具备“国有”与“股权”的双重特质，权利属性融合了公权与私权的双重特点（张培尧，2012）。一些研究表明，国有股权对公司治理和企业价值具有正面和积极的作用。李涛（2002）的研究表明，国有股权有助于提高公司上市后的业绩，具体表现为公司上市后，国有股比例越高，公司业绩越好。

实质上，政治关联在本质上是出于对利益的考虑，民营企业总是寻求以最小的代价获取最大的利益。不可否认，相较于民营股，国有股在民营企业多元化投资等方面有着先天的优势，在促成民营企业多元化投资过程中可能起着关键的作用。对处于转轨经济过程中的中国市场来说，贷款融资难以及行业的行政壁垒等问题是民营企业多元化成长面临的最重要的制度约束，而国有股的引入能够在一定程度上解决上述问题，从而促进企业的多元化发展。一方面，政府在民营企业中参股，不仅能够向外界传递民营企业实力的信号，而且还能够通过政府信用为企业提供隐性担保，从而在一定程度上解决民营企业多元化过程中所面临的贷款融资难的问题；另一方面，国有股的引入将直接导致企业和政府建立起一种“共生关系”，企业和政府之间的这一关系将使民营企业获得政府的认可及在资金、优惠政策等方面的支持，从而可以顺利地进入政府严格管制和保护的行业以实现多元化发展。

（二）引入国有股权与民营企业的多元化投资

本章认为，企业之所以进行多元化投资，其最终目的是为了实现企业价值的增长。然而对于民营企业而言，其目标实现与否，是由诸多因素共同决定的，其中既包括企业内部资源，也包括企业外部环境。民营企业所致力于发展的政治关联对克服企业多元化过程中的内部资源约束和外部环境约束具有重要影响，其代

表着一种独特类型的管理资源，在促进企业获得政府稀缺资源、实现多元化方面发挥着重要的作用。Khwaja 和 Mian（2005）认为，具有良好政治关联的民营企业更容易获得银行贷款，也更容易获取较低的利率，而这些都是企业进行多元化投资所必需的。Chang 和 Hong（2002）认为，政府对企业的支持，包括授权、政策支持乃至直接投资，是促成企业多元化程度提高的重要原因。因此，政治关联是企业追求横向社会资本、寻求政治庇护和政治参与的手段，将有助于民营企业获得多元化所必需的且为政府所控制的资源，对企业多元化投资具有重要的作用。

企业和政府之间由国有股权所建立起来的这种天然的联系，能够将企业利益与国有股东利益捆绑在一起，出于对利益的诉求，国有股东能够为公司提供便利的社会资源。同时，国有股东的存在能够向外界传递出企业获得政府支持和企业具备实力的信号，使企业获得额外的发展机会和各种资源。另外，国有股东还能够在制度层面上为企业带来声誉担保，其效果或许比表面层次的民营企业家参政更加显著。所以，本章认为，民营企业在安排所有权时引入或保留国有股东将有利于企业的多元化投资。

基于以上分析，我们提出第一个假设：

H1：相比那些不具备国有股权的民营企业，引入或保留国有股权的民营企业的多元化程度更大。

（三）引入国有股权与民营企业家参政在影响企业多元化投资方面的替代关系

我们认为，民营企业引入国有股权的主要目的是努力建立与政府之间的“共生关系”，为企业的发展营造适宜的政治生态。引入国有股权的民营企业和政府在利益动机的驱动之下，通过反复博弈，最后倾向于建立起一种双赢的合作关系。然而，民营企业引入或保留国有股权与民营企业家参政相比，企业通过国有股权建立的这种关系是一种更为直接的制度层面的关联。因此，当企业引入或保留国有股权时，企业利用国有股权便可以获得其所需的多元化资源，实现其多元化发展的目标，公司对企业家参政的依赖性就会减小。未引入或保留国有股权的企业便需要通过寻求其他方式与政府建立关系，进而获得其多元化过程中所需的多元化资源，企业对通过民营企业家参政来获得多元化资源的依赖性便会增强。国有股权与民营企业家参政在影响企业多元化投资方面具有替代作用。

因此我们提出第二个假设：

H2：在同等条件下，民营控股公司引入或保留国有股权与民营企业家参政在帮助民营企业进行多元化投资方面存在替代关系。

三、研究设计

（一）样本选择和数据来源

我们的样本取自民营控股上市公司的第一大股东为民营企业或实际控制权属于民营企业的A股上市公司，包括上市时就是民营企业性质的公司和上市后通过改制转变为民营性质的上市公司。中国上市公司虽然提供了股权结构的基本信息，但是年报中对股权结构只是从国有、法人和流通股等有利于监管的角度进行了区分，而实际上法人股的持有者既可能是民营企业，也可能是国有企业，所以要从终极股权结构的角度来界定上市公司到底由何种产权所有者来控制。为此，我们根据年报中的股权结构信息，利用互联网等其他信息渠道，尽量确定每个上市公司的终极控制链，并从中选取终极控股股东产权属性是民营的上市公司为研究样本。

本文选取2009~2012年A股在沪深交易所上市的民营上市公司为样本，并按照以下原则对样本进行筛选：①剔除了ST、PT等被特殊处理的上市公司，因为这些公司的政府补贴数据可能会对结果产生影响；②剔除了国有上市公司通过股权转让而转化为民营企业的样本，这样是为了保证民营上市公司政治关联的纯粹性；③考虑到金融公司资产负债表的特殊性，剔除了金融类和包含金融类经营单元的公司；④剔除了2009~2012年未披露分行业销售收入数据的公司；⑤剔除了信息披露不详的公司。最后，我们得到1287个观测值，其中2009年319个，2010年327个，2011年316个，2012年325个。上市公司的董事会背景资料和所需财务数据来自CSMAR中的公司治理数据库，其余数据来自CSMAR数据库和Wind数据库；关于企业家政治身份的数据，我们主要是根据Wind资讯数据库中“股票深度资料”中“董事会及管理者信息”逐一识别出民营上市公司终极控制人，然后根据其个人资料查找他（她）是否为人大代表或政协委员；上市公司的多元化数据是笔者通过公司年报查找每个企业所涉及的行业数，并计算各个行业收入占该企业主营业务收入的比例得到的。

（二）变量定义

1. 被解释变量

本章主要考虑民营控股企业引入或保留国有股权对企业多元化投资的影响。在实证研究中一般采用以下三个指标来衡量企业的多元化程度：行业数、赫芬达尔指数（HI）、收入熵指数（Entropy Index，EI）。考虑到企业多元化程度的精确性，本章主要采用收入熵指数来度量多元化指标。在此过程中，我们采用以SIC代码为基础的行业分类和统计办法来进行多元化研究，以2001年中国证监会正式制定的《中国上市公司行业分类指引》作为划分上市公司经营所跨行业的主要依据，通过在年报中查找每个企业所涉及的行业数并计算各个行业收入占该企业主营业务收入的比例得到多元化度量指标的值。在收集到所有企业分行业主营业务收入的比例后，我们可以按照如下公式计算企业的收入熵：$EI = \sum_{i=1}^{n} P_i \ln(1/P_i)$。

其中，P_i 为行业 i 的收入占主营业务收入的比重，n 为采用三位行业代码所计算的公司主营业务行业数。企业的多元化程度越高，EI 的值越大，当企业专业化经营时，值为 0。

2. 解释变量

与以往文献不同，本章采用国有股权来衡量企业的政治关联。在定义民营上市公司的政治关联时，我们引入国有股的比例（Staterate）这一指标，它强调的是公司具有政治关联的普遍性。关于国有股比例这一指标，我们首先需要在 CSMAR 数据库中得到各个公司的国有股股数和总股数，然后据此计算出国有股股数占总股数的比例。一般来说，我们认为引入或保留国有股权比例越高，则政治关联越强，如果企业未引入国有股权，则无政治关联。

由于本章对引入国有股权与民营企业家参政在企业多元化投资方面的替代关系也进行了研究，因此，我们对民营企业家参政也进行了相关的刻画。由于人大代表与政协委员的身份都是公开透明的，因此本章引用胡旭阳（2006）对政治关联的刻画方法作为替代研究，即使用民营企业的实际控制人是否当选人大代表或政协委员来表示民营企业家的政治身份（PC）。

3. 控制变量

我们选取了以下影响企业多元化投资的企业财务指标及其他企业特征变量作为控制变量：①Size 为企业规模，用公司年末总资产的自然对数表示，之所以取其自然对数是为了避免数值过高带来的数据偏差。Denis（1997）发现，规模越大的企业资源越充足，越有能力进行多元化投资。②国有股股东在企业所有股东中的排名（Rank），如果企业有不止一个国有股股东，则将其国有股股份合并并确定其排名。③Age 为企业年龄，用企业上市年限表示。一般来说，企业年龄越大，业务越成熟，原有的业务可能难以满足企业的经营需要，从而实施多元化。本研究以上市公司公布的注册年份为起始年，计算截至本研究样本设定的时间（2009~2012 年）的持续年数。具体公式为：$Age = T_i - T_0 + 1$。其中，$T_i =$（2009，2010，2011，2012），T_0 为公司注册成立时间。④负债比率（Lev）用总负债与总资产的比值表示。从实质上来说，企业多元化属于企业的一种扩张行为，而根据 Jensen（1986）的自由现金流理论，企业的负债具有压制企业扩张的作用，因此，负债比率越大，企业的多元化程度越低。此外，本章还采用了虚拟变量来控制行业和年度的影响。详细的变量定义如表 7-1 所示。

表 7-1 变量的定义

变 量	符 号	定 义
多元化投资	EI	$EI = \sum_{i=1}^{n} P_i \ln(1/P_i)$，其中 n 为企业经营所跨的行业数目，$P_i$ 为企业在第 i 行业中的营业收入占总营业收入的比重
引入国有股的比例	Staterate	国有股东持股量占总股本的比例
董事会中国有股东的比例	Boardrate	国有股东在董事会中的人数占董事会总人数的比例
民营企业家参政	PC	虚拟变量，当企业实际控制人当选人大代表或政协委员时为 1，否则为 0
企业规模	Size	总资产的自然对数
资产利润率	Roa	净利润/总资产
资产负债率	Lev	总负债/总资产
国有股东的份额在企业所有股东份额中的排名	Rank	国有股份在企业所有股东中排第二位为 5，相应依次为 4、3、2，第六位及之后统一为 1，若没有国有股份则为 0
企业上市年限	Age	$Age = T_i - T_0 + 1$，其中 T_i = (2009，2010，2011，2012)，T_0 为公司注册成立时间
行业	Industry	当处于该行业时为 1，否则为 0
年度	Year	当处于该年份时为 1，否则为 0

（三）模型设定及说明

为检验本章提出的假设，根据设计的变量，我们分别构造了如下的回归模型（1）和回归模型（2）。

模型（1）：

$$EI_{it} = \alpha_0 + \beta_1 Staterate_{it} + \beta_2 Size_{it} + \beta_3 Rank_{it} + \beta_4 Age_{it} + \beta_5 Roa_{it} + \beta_6 Lev_{it} + \beta_7 \sum Year_{it} + \beta_8 Industry_{it} + \mu_{it}$$

模型（2）：

$$EI_{it} = \alpha_0 + \beta_1 PC_{it} \times Staterate_{it} + \beta_2 PC_{it} \times (1 - Staterate_{it}) + \beta_3 Staterate_{it} + \beta_4 Size_{it} + \beta_5 Rank_{it} + \beta_6 Age_{it} + \beta_7 Roa_{it} + \beta_8 Lev_{it} + \beta_9 \sum Year_{it} + \beta_{10} Industry_{it} + \mu_{it}$$

模型（1）和模型（2）中，i 表示横截面上不同的公司（i=1，2，…，1287），t 表示不同年份（t=1，2，3，4）。

考虑到本章的研究时间较短，采用 OLS 方法得到的结果可能会产生偏差，而面板数据与简单的截面数据和时间序列数据相比具有一定优势，它可以使用更大规模的数据进行回归分析，可有效提高短期时间序列动态模型估计的准确性，因此我们采用面板回归的方法。Hausman 检验提供了在固定效应模型和随机效应模型之间选优的方法，如表 7-2 所示，对于模型（1），检验结果 p 值为 0.0018，故拒绝原假设，因此，我们认为模型存在固定效应，选用固定效应模型；对于模型（2），检验结果 p 值为 0.0042，故拒绝原假设，因此，我们认为模型存在固定效应，选用固定效应模型。因此，在接下来的研究中，无论是模型（1）还是模型（2），本章都将使用固定效应模型。

表 7-2　固定效应、随机效应检验结果

Hausman Test	Hansman Test
模型（1）	模型（2）
Chi2(7) = 22.90	Chi2(8) = 22.44
Prob > Chi2 = 0.0018	Prob > Chi2 = 0.0042

（四）描述性统计

表 7-3 是对变量的描述性统计，主要描述了样本变量的均值、最小值、最大值和标准差。

从表 7-3 可以看出，民营控股公司的多元化投资指标收入熵指数的平均值为 0.258，说明从总体来看，目前民营上市公司的多元化程度仍处于较低水平；并且，其最大值 1.883 和最小值 0.000 之间的差距很显著，说明不同公司的多元化

表 7-3 变量的描述性统计

变量	样本数	均值	最小值	最大值	标准差
多元化投资	1287	0.258	0.000	1.883	0.374
引入国有股的比例	1287	0.004	0.000	0.334	0.021
民营企业家参政	1287	0.554	0.000	1.000	0.497
企业规模	1287	21.485	19.046	25.056	1.019
企业上市年限	1287	6.736	1.000	22.000	4.455
资产利润率	1287	0.051	-0.326	0.374	0.058
资产负债率	1287	0.464	0.007	0.954	0.192
国有股东的份额在企业所有股东份额中的排名	1287	0.180	0.000	5.000	0.785

程度存在很大差异。

表 7-3 还显示，国有股东持股量占总股本比例的均值为 0.004，表明从总体上来说，现阶段民营控股企业引入或保留国有股权的比例仍不大；而其最大值 0.334 和最小值 0.000 之间存在较大的差异，这表明现阶段不同公司引入或保留国有股权的比例也存在显著的差异。

另外，在控制变量方面，资产负债率均值为 46.4%；企业规模均值为 21.485；企业的平均资产利润率为 5.1%，这说明民营控股企业的负债率偏高、盈利能力还比较强。民营企业家参政的均值为 0.554，这说明现阶段民营企业家乐于与政府建立良好的关系，并且有动机去维护与政府之间的关系。国有股东的份额在企业所有股东份额中的排名的均值为 0.180，这说明企业的国有股东的持股量从总体上来说仍较少，国有股东在所有股东中的排名仍较低。并且，控制变量的最大值和最小值的差异均比较大，这说明公司资质的差异性很大。

四、实证结果及分析

（一）变量的分组检验

在对模型进行回归分析前，我们根据国有股的控制背景把样本分成两组，进行了变量的分组检验。第一组是引入或者保留国有股权的企业；第二组为没有引入或保留国有股权的企业。表 7–4 列出了引入或保留国有股与未引入或保留国有股的民营控股企业在进行多元化投资和企业特征方面的差异。

表 7–4　分组之间的单变量检验

变　量	分组情况		T 检验
	引入或保留国有组	未引入或保留国有组	
多元化投资	0.696	0.219	0.477*** (–12.965)
企业规模	21.495	21.256	0.239* (1.784)
企业上市年限	5.469	7.056	–1.587*** (3.315)
资产利润率	0.064	0.050	0.014** (–2.305)
资产负债率	0.417	0.472	–0.055** (2.557)
国有股东的份额在企业所有股东份额中的排名	2.357	0.000	2.357*** (–47.480)

注：* 表示在 10%的水平上显著，** 表示在 5%的水平上显著，*** 表示在 1%的水平上显著。

表 7–4 的结果显示，引入或保留国有股权的企业的多元化投资的平均值为 69.6%，而未引入或保留国有股权的企业则为 21.9%，这种差异在 1%显著性水平上显著，这说明引入或保留国有股权的企业的多元化程度显著地大于未引入或保

留国有股权的企业。这一结果似乎表明，未引入或保留国有股权的企业更关注核心专长，采取有限度的多元化和集中在核心竞争能力的“归核化”战略；而引入或保留国有股权的企业则更加热衷于通过多元化战略进行扩展，在一定程度上表明国有股权的引入或保留确实可以作为转型经济中外部制度缺失的一种有效的替代机制，促进企业多元化程度的提高。这也初步证明了本章的 H1，我们将在后文的多变量回归分析中进一步论证该假设。

另外，结果显示，对于引入国有股权和未引入国有股权的企业的相关财务指标和企业特征变量——企业规模、企业上市年限、资产利润率、资产负债率、国有股东的份额在企业所有股东份额中的排名的检验结果也均是显著的。例如，引入国有股权的企业的平均规模为 21.495，未引入国有股权的企业为 21.256，并且这种差异在 10%显著性水平上显著，这表明有国有股权的企业的规模显著高于没有国有股权的企业的规模；引入或保留国有股权的企业的资产利润率为 0.064，而未引入或保留国有股权的企业为 0.050，前者在 5%的水平上显著地大于后者，这表明国有股权的引入有利于提高企业的获利能力。

（二）变量的回归结果分析

本章的观测样本是包括截面数据和时间序列数据的非平衡面板数据，共有 1287 家公司，时间跨度为 4 年，对于这类时间跨度短而截面观测点多的非平衡面板数据，应从公司个体和年度两个维度对标准误进行群聚调整（Petersen，2009），两维群聚调整方法在一定程度上修正了模型中可能存在的异方差、序列相关以及界面相关。本章多元回归分析部分的估计结果均经过了两维群聚调整。

表 7-4 通过单变量分析初步验证了本章的假设，表 7-5 在控制了其他因素后，进一步通过面板回归方法来检验前文的假设。

表 7-5 回归结果

变量	国有股权对多元化投资的影响		国有股权与企业家参政的替代关系	
	模型 1	模型 2	模型 3	模型 4
Constant	0.244*** (36.028)	0.329 (0.485)	1.649*** (3.323)	1.438* (1.667)
Staterate	3.671*** (8.956)	1.518*** (2.784)	2.926*** (6.028)	1.111* (1.925)
PC × Staterate			0.015 (0.747)	0.022 (0.659)
PC × (1 – Staterate)			1.963*** (1.921)	1.802** (2.138)
Size		0.051*** (3.588)		0.047*** (3.976)
Rank		0.080*** (5.454)		0.075*** (5.068)
Age		0.018** (0.317)		0.018** (2.128)
Roa		–0.067 (–0.316)		–0.056 (–0.265)
Lev		–0.008 (–0.073)		0.033 (0.285)
Industry	YES	YES	YES	YES
Year	YES	YES	YES	YES
Observations	1241	1241	1241	1241
Within-R^2	0.080	0.120	0.088	0.123
F Value	80.18***	20.70***	44.40***	18.41***

注：* 表示在 10%的水平上显著，** 表示在 5%的水平上显著，*** 表示在 1%的水平上显著，括号内为 z（或 t）值。

1. 引入或保留国有股权对企业多元化投资的影响

（1）表 7-5 的模型 1 和模型 2 是对 H1 的检验。其中模型 1 表示仅对变量 Staterate 进行回归分析，结果显示，引入国有股权的比例的系数在 1%水平上显著为正，这表明民营企业引入或保留国有股权将有利于企业进行多元化投资，这使得 H1 得到了验证，即民营企业引入或保留国有股权确实可以作为转型经济中的外部制度缺失的一种有效的替代机制，进而促进企业多元化程度的提高。

为了检验模型 1 的稳健性，我们在模型 1 的基础上加入了一些控制变量。模型 2 是在模型 1 的基础上加入企业规模、企业上市年限、资产利润率、资产负债率和国有股东的份额在企业所有股东份额中的排名这些变量。从模型 2 的估计结果来看，引入国有股权的比例的估计系数和显著性都和模型 1 相似，这说明国有股权的引入显著地提高了企业的多元化投资，模型 1 的结论是可靠的。

（2）在控制变量方面，企业规模、企业上市年限和国有股东的份额在企业所有股东份额中的排名对企业多元化投资均有显著的影响，这与以往的类似研究结论基本一致。Khanna 和 Palepu（2000）研究发现，在市场基础制度不完善的情况下，多元化企业集团的出现有利于解决外部市场失灵的问题。大企业集团可以通过多元化建立内部资本市场、人力资本市场，缓解外部市场失灵的影响。在这种情况下，企业规模越大，多元化程度越高。国有股东的份额在企业所有股东份额中的排名对企业多元化投资显著正相关，这可能是因为企业引入的国有股权所占比例越大，企业与政府的关系越密切，企业也就越容易进入政府管制行业，从而实现更高程度的多元化投资。姜付秀（2006）认为，公司上市之初为突出主营业务，往往将一些不相关的业务剥离，从而为公司今后的进一步融资打下基础，而随着上市年限不断增长，上市公司有冲动实施多元化战略。另外，资产负债率和资产利润率均与企业多元化投资负相关，但不显著，这可能是因为企业的多元化投资更多地取决于企业的战略和政府的行业管制，而与企业的财务状况关系不大。年度和行业也是影响公司多元化投资的重要因素。关于年度对多元化的影响，我们认为这主要是因为中国高速的经济发展为企业提供了更多的商业机会，但由于制度环境和国家宏观调控的不确定性，企业在不同年份的经营策略可能存在较大差异，近年来诸多上市公司进军房地产行业就是很好的说明。行业对多元化经营的影响比较容易理解，这是因为不同行业的利润水平和竞争程度不同，所以不同行业公司的战略选择会存在一定差异。

2. 国有股权与民营企业家参政的替代关系

表 7-5 的后两列检验了 H2。在模型 3 和模型 4 的回归中，为了避免遗漏重要变量使回归结果更具有说服力，我们将 Staterate 放入回归模型，同时加入 PC × Staterate 和 PC ×（1-Staterate）。其中，模型 3 表示仅对 Staterate、PC×Staterate 和

PC×（1–Staterate）进行回归分析，Staterate 的回归系数 β_3 在 1%的水平上显著为正，这也说明引入国有股权的确对民营企业多元化投资具有显著的影响。交乘项 PC×Staterate 的回归系数 β_1 虽然为正值，但没有通过显著性检验；交乘项 PC×（1–Staterate）的回归系数 β_2 在 1%的水平上显著为正。这一结果表明，当企业引入或保留国有股权时，国有股权能够促进企业的多元化投资，企业对民营企业家参政的依赖程度便会大大减弱；但是，在企业未引入或保留国有股权的情况下，企业家参政对民营企业多元化投资会起到较大的作用，即民营控股企业国有股权与企业家参政在民营企业多元化投资方面的确存在替代关系，H2 成立。

在模型 4 中，为了检验模型 3 的稳健性，我们在模型 3 的基础上加入了一些控制变量：企业规模、企业上市年限、资产利润率、资产负债率和国有股东的份额在企业所有股东份额中的排名。从模型 4 的估计结果来看，模型中 Statarate、PC×Staterate 和 PC×（1–Staterate）的估计系数和显著性都和模型 3 相似，这说明民营控股企业国有股权与企业家参政在民营企业多元化投资方面的确存在替代关系，模型 3 的结论是可靠的。

（三）稳健性检验

与以往文献定义政治关联的方式不同，为了进一步检验结果的稳健性，本章对被解释变量 Staterate 进行了替代，在此我们用代表国有股东在董事会中的董事人数占董事会总人数的比例（Boardrate）进行替代，检验结果如表 7–6 所示。

表 7–6　稳健性检验结果

变　量	国有股权对多元化投资的影响		国有股权与企业家参政的替代关系	
	模型 1	模型 2	模型 3	模型 4
Constant	0.256*** (35.885)	0.318 (0.497)	1.598*** (3.264)	1.359* (1.586)
Boardrate	3.698*** (8.784)	1.498*** (2.856)	2.895*** (5.973)	1.209* (1.857)
PC×Boardrate			0.018 (0.766)	0.025 (0.688)

续表

变 量	国有股权对多元化投资的影响		国有股权与企业家参政的替代关系	
	模型 1	模型 2	模型 3	模型 4
PC × (1 – Boardrate)			2.005*** (1.883)	1.788** (2.094)
Size		0.049*** (3.496)		0.050*** (3.999)
Rank		0.083*** (5.536)		0.080*** (4.987)
Age		0.020** (0.295)		0.015** (2.108)
Roa		–0.069 (–0.296)		–0.051 (–0.303)
Lev		–0.008 (–0.074)		0.038 (0.246)
Industry	YES	YES	YES	YES
Year	YES	YES	YES	YES
Observations	1241	1241	1241	1241
Within-R^2	0.078	0.117	0.090	0.118
F Value	81.09***	21.56***	45.36***	19.53***

注：***、** 和 * 分别表示 t 检验值在 1%、5%和 10%水平上统计显著。

表 7–6 用新定义的政治关联变量替代了表 7–5 中的解释变量。从表 7–6 的检验结果来看，在更换了衡量政治关联的指标后，新的指标仍然能在很大程度上解释本章的假设，即民营控股公司引入或保留国有股权对企业多元化投资有显著的影响。此外，除了个别情况外，解释变量及控制变量的稳健性检验结果都与先前的检验结果基本保持一致，这说明本章的实证检验结果和结论具有较高的稳定性和可靠性。

五、小 结

随着我国改革开放进程的逐步深入及我国经济的蓬勃发展，我国企业多元化投资的程度越来越大，这一问题也日益成为我国学术界研究的热点。尽管已有不少研究从政治关联的角度来分析民营企业多元化投资的问题，但这些研究对政治关联的定义基本都是从民营企业家的政治身份角度来展开的。由于国有股有效持股主体的特殊性，国有股权与政府有着天然的内在联系。因此，与以往大多数研究不同，本章研究了民营控股公司引入或保留国有股权的行为对企业多元化投资的影响。

基于此，本章以 2009~2012 年沪深两市的 A 股民营控股上市公司为样本，系统地考察了民营控股企业引入或保留国有股权的行为对企业多元化投资产生的影响。同时，为了更深刻地了解国有股权在民营控股企业多元化投资时的作用机制，本章还进一步考察了企业引入或保留国有股权的行为与民营企业家参政在促进企业多元化投资方面的替代关系。研究发现：①民营控股企业引入或保留国有股权的行为的确对企业多元化投资有显著影响。在控制其他相关影响因素之后，引入或保留国有股权的企业比未引入或保留国有股权的企业的多元化程度更大。②民营控股公司引入或保留国有股权的行为与民营企业家参政促进企业多元化投资方面的确存在替代关系，即对引入或保留国有股权的民营企业，没有国有股权的企业在进行多元化投资时对企业家参政的依赖程度较高；但当企业引入或保留国有股权时，企业在进行多元化投资时对企业家参政的依赖程度便会有所减弱。

本研究丰富和发展了民营企业多元化投资的问题，但由于研究思路在以往的研究中为数不多，相关文献甚少，故对民营企业引入或保留国有股权的刻画可能缺乏全面性。本章的研究结果表明，民营控股公司通过引入或保留国有股权对企业多元化投资有积极的促进作用，但仍有许多问题有待于进一步研究，如民营控股公司引入或保留国有股权的行为能否提高民营企业进入政府管制行业进行多元化的可能性？民营控股公司引入或保留国有股权的行为是否会降低民营企业进行相关多元化的可能性？这些问题将是我们进一步研究的方向。

第八章 国有股权、社会资本与公司银行融资便利性

一、引 言

改革开放以来，中国的民营企业从无到有，又逐渐强大发展，民营经济已经成为国民经济的基础和社会主义市场经济的重要组成部分，成为促进社会生产力发展的重要力量。统计资料显示：2013 年，中国民营企业总数占全国企业总数的 96%，对 GDP 的贡献超过 50%，其所吸纳的就业人数占社会就业总人口的 75%。[①] 民营企业对国民经济的贡献度也超过国有经济部门，成为社会就业的主要渠道、国家税收的重要来源和对外贸易的主要组成部分。然而，企业不是孤立的行动个体，而是与经济领域的各个方面发生联系的企业网络的纽结，因此企业发展必然要受到所处环境的影响（边燕杰等，2000）。作为一个转型期国家，中国的市场机制、制度环境不健全，民营企业的发展存在不确定性，面临更大的风险。Allen（2005）提出了著名的“中国之谜”：中国的法律体系薄弱、金融体系

① 资料来源：中国应该鼓励民营银行发展 [N]. 金融时报，2013-11-13.

落后，但其经济增长却极为强劲，这与 LLSV（2000）的法律与经济理论相悖。中国的民营经济就是在正式制度不完善的环境下发展起来的，这意味着中国一定存在着某些替代性的机制来保护民营经济的发展。对此，学术界存在两种观点（LLSV，2000）：Allen 等（2005）认为，中国的关系机制（主要是政治关系）和声誉机制起到了替代正式制度的保护作用；而陆铭等（2008）认为，作为非正式制度的社会资本与正式制度之间既存在互补，又存在互替关系，在一定程度上促进了经济的发展。

对于第一种观点，Epstein（1969）认为，企业可以将政府视为一种创造最有利企业环境的竞争性工具。截至目前，中国众多学者关于政治关系研究的结论也给该观点提供了支持（卫武，2006；余明桂、潘红波，2008；胡旭阳，2006）。然而，目前学术界对于政治关联的研究依然局限在企业家参政这一角度，被学者普遍忽略的一种政治关联渠道，是民营公司在所有权安排时引入国有股权或是在买壳上市时保留一定比例的国有股权。由于国有股有效持股主体出现缺位，出资人权利只能通过特殊的多级委托—代理关系由政府官员代为行使。因此，国有股权与政府有着天然的内在联系。学术界关于国有股权这种政治关联方式效应的经验研究极其少见。对于第二种观点，社会资本是指个体或团体之间的关联——社会网络、互惠性规范和由此产生的信任，是人们在社会结构中所处的位置给他们带来的资源。其表现形式有社会网络、规范、信任、权威、行动的共识以及社会道德等方面。Putma（1994）定义社会资本为“能够通过协调的行动来提高社会效率的信任、规范和网络”。

那么，在中国，社会资本能否真正起到支持民营经济发展的作用？社会资本和政治关联（国有股权、企业家参政）之间是否存在一定程度的替代关系？对这些问题的研究，有助于更准确地理解和把握企业政治关联的内在逻辑，丰富发展企业政治关联领域的研究内容。本章以我国民营控股公司为研究样本，研究了国有股权在民营控股公司中作为政治关联机制对公司获得银行贷款资源的影响，以及国有股权和社会资本的相互关系。研究发现，国有股权对民营控股公司获得银

行贷款具有显著的正向作用。研究同时发现，在社会资本较高的地区，民营控股公司获得银行贷款对国有股权这种政治关联方式的依赖程度显著降低。本章的安排如下：第二部分是理论分析与研究假设；第三部分是研究设计；第四部分是实证结果及分析；第五部分是小结。

二、理论分析与研究假设

（一）国有股权与政治关联

企业行为内生于制度，并倾向于趋利避害。目前，中国正处于转轨经济中，正式制度还不健全、不稳定，导致企业难以通过常规方式（内部扩张或对外并购）发展。鉴于政府对众多资源的垄断性，更由于制度环境的不稳定性无法支持民营企业正常发展的需要，企业倾向于与政府建立联系从而为其建造适宜有利的外部空间。制度环境越不完善，企业建立政治关联的意愿就越强（罗党论、唐清泉，2009a）。

张培尧（2012）认为，国有股权具备了“国有”和“股权”的双重性质，是一种兼具公权力和私权利双重特点的混合型所有权：“国有”指代了其与政府的天然联系，“股权”表明其保值增值的目的性。张祥建、郭岚（2010）在分析了政治关联的各种渠道后发现，民营企业中持有国有股权能够使民营企业与政府利益在某种程度上一致，这种股权安排可以促使共同利益的产生，从而建立相对稳定和紧密的政治关联，并且这种政治关联渠道是建立在法律和制度的基础上，从而民营企业与政府之间可以形成稳定的制度性联系。

实际上，政治关联在本质上是出于对利益的考虑，民营企业总是寻求以最小的代价获取最大的利益。不可否认，国有股在融资便利等方面相较于民营股有着先天的优势，民营企业引入国有股权在促成某项交易活动的达成和有效实施过程中可能起着关键的作用。一方面，通过持有国有股，一旦民营企业在经营过程中出现困难，其可以直接利用政治权力降低经济损失；另一方面，政府在民营企业中参股，不仅传递了民营企业实力信号，而且政府信用可以为企业提供隐性担保，在一定程度上能够抵消制度环境的负面影响。

因此，通过持有国有股权，政府在民营企业中存在利益关系，民营企业就构建了一种与政府之间的“互利共生”关系（张祥建、郭岚，2010）。一方面，民营企业通过政治关联直接参与政府的经济发展规划，承担了一定的地区发展责任，并且也在某种程度上为其自身营造了良好的外部形象；另一方面，民营企业通过承担地区经济责任，政府也会回报性地为其经营发展提供适宜的政治生态，在产权保护、资源获取、融资便利、进入管制性行业等方面提供诸多优惠。在利益动机的驱动下，政府和民营企业倾向于建立一种“双赢”的合作关系。在此情况下，博弈双方的利益都有所增加，或者至少一方利益增加，另一方利益不受损害，从而造成整个社会的利益增加（孙早、鲁政委，2003；Bai，C. E.，Lu，J.和Tao，Z.，2006；郭士倜、宁艳丽，2011）。

（二）国有股权与民营企业银行贷款的可得性

在中国的经济体制下，民营企业引入或保留国有股权就传递了一种企业与政府存在“关系”的信号。企业通过含有国有股权使得企业与政府之间存在共同利益，出于对利益的诉求，国有股东能够为公司提供便利的社会资源以支持企业发展。同时，民营企业通过国有股权建立了与政府的关系，使其也更容易享受到政府给予的各种政策优惠（张兆国等，2011；罗党论、唐清泉，2009b；于蔚等，2012；何镜清等，2013）。

在民营企业获得银行贷款方面，银行等金融机构在发放贷款时要按照一定的标准对申请者进行资格审批，然而由于信息的不对称，金融机构并不能准确掌握民营企业的经营发展情况。此时，由于民营企业中国有股权的存在，传递了企业实力信号，表明企业已具有一定的实力和规模，并且得到政府的支持，在制度层面对民营企业的实力及声誉进行了保证，有助于消除银企双方信息不对称问题，强化金融机构对于民营企业的信心，从而提高民营企业获得银行贷款的可能性。

此外，国有股权的存在为民营企业提供了一种潜在担保。一旦企业由于经营不善而陷于财务困境，基于“共生关系”的存在，政府也不会袖手旁观，而会选择施以援手来维持企业的发展。这样一种潜在担保的存在，在一定程度上消除了银行在向民营企业发放贷款时对于企业经营不善造成不能偿还贷款的可能性的忧虑，从而提高民营企业获得银行贷款的可能性。

最后，作为一种非正式机制，具有国有股权的民营企业可以通过国有股东对国有银行的影响减少银行对民营企业在信贷方面的歧视，从而获得贷款支持。

基于以上讨论，我们提出第一个假设：

H1：对于其他条件相同的企业来说，含有国有股权能使民营控股公司更容易获得银行信贷支持。

（三）国有股权与社会资本在影响民营企业银行贷款方面的替代性

制度环境主要是作为企业的一种外在经济环境来影响企业的生存发展，是一种对市场制度层面的约束力。社会资本作为企业的另一种外部环境，更多的是以道德约束的形式来影响市场参与者的行为。

一般认为，社会资本对经济发展的正向作用主要是由相互信任而导致的合作行为。社会资本主要通过以下两个渠道提高社会诚信（LLSV，1997）：第一，社会道德对人们不守信行为的内在约束；第二，社会舆论对人们不守信行为的外部惩罚。LLSV（1997）提出，在社会资本较高的地区，人与人之间互信度较高，人们倾向于通过信任和合作来获得效率最大化，而不是互相猜疑、互相算计导致的“囚徒困境”无效率的结果。

已有研究表明（罗党论、唐清泉，2009b；戴亦一等，2009），社会资本对民营企业获得银行贷款有正面影响。社会资本对银行信贷支持的影响主要体现在以下两个方面：一是在社会资本水平较高的地区，企业的财务状况会更加真实透明，金融机构对申请企业经营状况的调查评估结果也会更加真实可信，从而可以合理地配置信贷资源，降低了银行由于风险性以及逆向选择问题的考虑而对民营企业所产生的信贷歧视；二是社会资本的惩罚机制会增大企业欠款不还的违约成本，造成对其声誉的损害从而不利于其长远发展，因此，在社会资本较高的地区，企业会自动自发地遵守社会“规则”，使其行为规范化、诚信化，银行也更倾向于与其开展合作。

据前文分析，含有国有股权能使民营控股公司更容易获得银行信贷支持。然而，这种影响是从有无国有股权这种政治关联的角度阐述的，即相比于无政治关联的企业，银行更倾向于向有政治关联的企业提供贷款，政治关联带给企业的诸多优势也造成了现今中国企业政治关联现象的普遍性。但是，如果对于同样具有政治关联的民营企业，银行又该如何选择信贷资源配置呢？我们认为，银行向民营企业提供贷款归根结底是出于对其实力与信誉的考察，国有股权等政治关联方式只是通过其政府背景向银行传递了政府为其后盾的信号，满足了银行的信贷偏好，但银行对企业的具体经营发展状况并不十分清晰。在社会资本较高的地区，银行能够较为直接地了解到企业真实的实力与信誉，从而可以为民营企业公正合理地配置信贷资源，作为民营企业也就不用过分依赖政治关联来传递信号以便较容易获得银行的信贷支持。

由此，我们提出第二个假设：

H2：民营控股公司中的国有股权与社会资本在影响企业取得银行贷款方面存在一定程度的替代作用，即在社会资本较高的地区，民营企业在获得银行贷款方面对国有股权的依赖程度会显著降低。

三、研究设计

（一）样本选择和数据来源

本章以 2007~2011 年在沪深交易所上市的民营企业为研究样本，即终极控股股东的产权属性是民营企业的 A 股上市公司，包括上市时就是民营企业性质的公司和上市后通过改制转变为民营性质的上市公司。我们根据以下原则剔除了一些样本：①剔除了国有上市公司通过股权转让而转化为民营企业的样本，保证民营企业政治关联的纯粹性（因为这样的公司在股权转让前就有政治关联）；②剔除了数据缺少或者数据极端异常的样本；③剔除了那些 ST、PT 公司，因为这些公司的政府补贴数据可能会对结果产生影响；④剔除了最终控制人不详的样本；⑤剔除了金融行业样本，之所以剔除金融业，是因为金融行业公司的负债不同于非金融行业的公司。上市公司的董事会构成资料来自 CSMAR 中的公司治理数据库，财务相关数据来自 CSMAR 中的公司财务年报数据，其余数据来自 CSMAR 数据库和 Wind 数据库。最后，本章共得到 721 个样本。表 8-1 列出了样本公司的政治关联分布情况。

表 8-1 样本公司的政治关联分布

政治关联	国有股权	无国有股权	总计
无政治参与	92（A）	47（B）	139
政治参与	350（C）	232（D）	582
总　计	442	279	721

（二）研究变量的定义说明与模型建立

1. 被解释变量

本章用企业取得银行贷款及贷款期限两个变量定义企业的银行融资便利性，主要检验民营控股企业中国有股权与社会资本对企业取得银行贷款及贷款期限的影响。Debt i 是被解释变量，表示企业的银行贷款特征，分别为银行贷款率及银行贷款期限。

2. 解释变量

国有股权变量：我们定义公司前十大股东中的国有股权作为政治关联的刻画，度量方法有两种：①是否含有国有股权（StateShare）；②国有股权的比例（Staterate）。

社会资本变量：美国学者爱德华格拉泽（2003）指出,在社会资本形成过程中，个体受教育的年限和程度与社会资本的联系可能是最紧密和最重要的，教育能够给学生提供学习、参与社会交往和合作的机会，增强学生获得社会资本的社会交往技能。人们对教育的期待度比较高，对高教育水平的人的信任度要比低教育水平的人的信任度高。因此，本章决定采用各地区的教育水平作为测度社会资本的指标。各地区教育水平[①] 用 2007~2011 年各地区大专及大专以上学历人数占全部人数的比例是否高于全国平均值来衡量。

此外，还有不良贷款变量，它是指借款人不能按照贷款协议按时偿还商业银行的贷款本息而形成的贷款，是一种违约现象。我们用各地区四大国有银行的不良贷款率（BLR）[②] 来作为衡量社会资本的另一替代指标，不良贷款率越高，说明该地区欠债不还现象越严重，人们的信用度越低，社会资本水平也就越低。

---

① 数据来源于 2008~2012 年《中国统计年鉴》。
② 数据来源于 2008~2012 年《中国金融年鉴》。

3. 控制变量

根据以往的文献研究，我们控制了影响企业银行贷款融资的一些因素：企业规模（Size）、盈利能力（Ebit）、可抵押资产（Asset Struc）、企业平均资产负债率（Lev）、民营企业的主营业务收入是否为当地支柱产业（Pillar-industry），以及年度变量和行业变量。最后，根据本章研究特点，我们还在模型中加入了一个地区的发展程度作为控制变量。因为社会资本在地区间的差异可能还反映了各地经济、金融、社会发展的差异信息。如果不对各地区的发展水平因素加以控制，那么得出的很可能是伪结果。为了尽可能控制省际制度变量对银行贷款融资决策的影响，本章在模型中加入各省金融发展水平的变量，其数据来源于樊纲等（2007）编制的《中国市场化指数》中的金融发展指数。

详细的变量定义如表 8-2 所示。

表 8-2 变量的符号及定义

变 量	符 号	变量定义
		被解释变量
银行贷款率	Debt1	（短期借款 + 长期借款）/总资产
贷款期限	Debt2	长期贷款占银行贷款总额的百分比
		国有股权
国有股虚拟变量	StateShare	民营企业前十大股中有国有股权时，取值为 1，否则为 0
国有股的比例	Staterate	国有股东持股量占总股本的比例
		社会指标
各地区教育水平	Edu	Edu > 8.882，说明社会资本水平较高，Edu = 1，否则 Edu = 0
不良贷款率	BLR	指数越低，表明社会资本越高
		企业控制变量
企业规模	Size	企业总资产取对数
盈利能力	Ebit	息税前利润/总资产
可抵押资产	Asset Struc	固定资产净值/企业总资产
企业平均资产负债率	Lev	企业总负债/总资产
主营业务是否为当地支柱产业	Pillar-industry	是支柱产业时为 1，否则为 0
		其他政治关联变量
企业家是否参政	PC	当企业实际控制人或总经理是人大代表或政协委员时为 1，否则为 0

续表

变　量	符　号	变量定义
		制度环境变量
地区金融发展水平	IndexFIN	指数越大，表明地区金融发展水平越高
		其他
行业	Industry	当处于该行业时为 1，否则为 0
年度	Year	当处于该年度时为 1，否则为 0

4. 模型说明

为检验本章提出的假设，根据设计的变量，我们分别构造了如下的回归模型。

模型（1）：

$$Debt_{it} = \alpha + \beta_1 StateShare_{it} + \beta_2 control_{it} + \beta_3 Industry + \beta_4 Year + \varepsilon$$

模型（2）：

$$Debt_{it} = \alpha + \beta_1 Edu_{it} \times StateShare_{it} + \beta_2 (1 - Edu_{it}) \times StateShare_{it} + \beta_3 StateShare_{it} + \beta_4 control_{it} + \beta_5 Industry + \beta_6 Year + \varepsilon$$

其中，$Debt_{it}$ 代表被解释变量，StateShare 代表国有股权变量，control 代表控制变量、制度变量，i 表示横截面上不同的公司（i=1，2，…，721），t 表示不同年份（t=1，2，3，4，5）。

模型（1）用于检验 H1，即民营企业中的国有股权对企业获得银行贷款的影响。根据本章的 H1，国有股权能够显著地正向影响民营企业获得银行贷款，获得长期贷款的可能性也越大。如果 H1 成立，则对应于解释变量国有股（StateShare），可以预期模型（1）中的 β_1 显著为正。

模型（2）用于检验 H2，即民营控股企业中国有股权与社会资本在企业获得银行贷款方面的相互替代作用。根据本章的理论预期，在社会资本水平较高的地区，公司获得银行贷款对国有股权的依赖性会显著降低。如果假设成立，那么可预期模型（2）中的交互项（1-Edu）×StateShare 的系数 β_2 显著为正，并会显著大于另一个交互项 Edu×StateShare 的系数 β_1。

在进行回归分析时我们所使用的控制变量不同，检验 H1 包含的公司特征变量有企业规模、盈利能力、可抵押资产、企业平均资产负债率、支柱产业虚拟变量、制度环境变量。此外，本章还增加了企业家参政虚拟变量，在模型（2）的基础上构造模型（3），以检验国有股权与企业家参政的替代关系。

模型（3）：

$$Debt_{it} = \alpha + \beta_1 PC_{it} \times StateShare_{it} + \beta_2 PC_{it} \times (1 - StateShare_{it}) + \beta_3 PC_{it} + \beta_4 control_{it} + \beta_5 Industry + \beta_6 Year + \varepsilon$$

我们的观测样本是包括截面数据和时间序列数据的非平衡面板数据，由于面板数据模型包括随机效应模型和固定效应模型，且二者在应用上有较大的区别，因此我们首先进行了豪斯曼检验（Hausman-test）。检验结果 p 值为 0.0019，故拒绝原假设，因此，我们认为模型存在固定效应，在接下来的研究中，本章都将使用固定效应模型。

（三）描述性统计

表 8-3 是对主要变量的描述性统计，描述了样本主要变量的均值、最小值、最大值和标准差。

表 8-3　变量的描述性统计

变　量	样本量	均值	最小值	最大值	标准差
Debt1	721	0.246	0.017	0.742	0.147
Debt2	721	0.121	0.000	0.983	0.172
StateShare	721	0.254	0.000	1.000	0.521
Staterate	721	0.067	0.000	0.312	0.012
Size	721	21.014	17.923	23.762	0.948
Ebit	721	0.041	-0.515	0.338	0.079
Asset Struc	721	0.217	0.001	0.794	0.176
Lev	721	0.452	0.021	0.886	0.194
Pillar-industry	721	0.342	0.000	1.000	0.331
PC	721	0.172	0.000	1.000	0.385

从表 8–3 可以看出，民营控股公司的平均银行贷款率为 24.6%，虽然上市公司的融资渠道较多，但银行贷款仍是企业重要的融资来源；国有股东持股量占总股本的比例平均为 6.7%，体现了民营控股公司通过国有股权的方式与政府建立政治关联的程度。

表 8–4 是社会资本的度量指标——教育水平指标在全国各地区的分布情况。如表 8–4 所示，中国不同地区的社会资本存在较大的差异，发展不平衡。北京、上海等地的社会资本得分排在前面，云南、西藏处于最末位。

表 8–4　全国各地区教育水平指数（百分制）①

北京	天津	河北	山西	内蒙古	辽宁	吉林	黑龙江
30.892	17.337	5.449	7.777	9.138	11.463	8.450	7.481
上海	江苏	浙江	安徽	福建	江西	山东	河南
22.158	9.159	10.011	5.228	8.364	6.914	6.981	5.592
湖北	湖南	广东	广西	海南	重庆	四川	贵州
8.927	6.867	7.830	5.237	6.873	6.731	5.809	4.713
云南	西藏	陕西	甘肃	青海	宁夏	新疆	
4.671	3.017	9.244	5.892	8.219	8.311	10.592	

四、实证结果及分析

（一）变量的分组检验

在对模型进行回归分析前，我们根据表 8–1 的样本分组，进行了变量的分组检验。从表 8–5 可以看出，含有国有股权公司的 Debt1 为 25.4%，比未含有国有

① 数据来源于 2008~2012 年《中国统计年鉴》。

股权公司的 17.6%高出 7.8%，T 检验值是 3.513，差异在 1%水平上高度显著，这说明公司是否含有国有股权对银行贷款率有显著差异。此外，对于样本 A 和样本 B 的相关企业变量，企业规模、盈利能力及可抵押资产的检验结果也是显著的，例如，样本 A 的企业规模是 20.657，样本 B 的企业规模是 20.063，且差异在 5%的水平上显著。就资产负债率来说，虽然样本 A 组的 0.508 高于样本 B 组的 0.311，但这种差异不显著。对于样本 A 和样本 C、样本 A 和样本 D 的分组检验，上述指标大多没有显著性，有些指标有显著差异，但由于这些样本的政治关联情况较为复杂，只有经过多因素回归后，方可进一步解释。

表 8-5　变量的分组检验

样本组	样本 A	样本 B	样本 C	样本 D	T 值		
N	92	47	350	232	A-B	A-C	A-D
Debt1	0.254	0.176	0.329	0.241	0.078*** (3.513)	-0.076 (0.875)	0.012 (1.076)
Debt2	0.175	0.127	0.197	0.147	0.048*** (4.152)	-0.022 (0.927)	0.028 (0.831)
Size	20.657	20.063	20.942	20.439	0.594** (2.034)	-0.285 (0.397)	0.218 (0.103)
Ebit	0.143	0.08	0.150	0.142	0.067* (1.924)	-0.007 (1.109)	0.001* (1.694)
Assert Struc	0.238	0.171	0.116	0.195	0.067** (2.306)	0.122 (1.357)	0.043 (0.792)
Lev	0.508	0.311	0.587	0.502	0.197 (0.894)	-0.079 (0.405)	0.006 (0.276)
Pillar-industry	0.449	0.321	0.479	0.454	0.128** (2.309)	-0.030 (0.821)	-0.005 (1.003)

注：*、**、*** 分别表示在 10%、5%、1%水平上显著。

（二）多元回归分析

表 8-5 通过变量的分组检验初步支持 H1。本章的观测样本是包括截面数据和时间序列数据的非平衡面板数据，因此表 8-6 在控制了可能影响公司贷款的企业特征和行业属性等因素的条件下，通过固定效应回归方法来检验前章的假设。

表 8-6 国有股权对公司银行贷款影响的回归结果

变 量	银行贷款率		贷款期限	
	(1)	(2)	(3)	(4)
国有股权变量				
StateShare	0.249** (2.147)	0.243*** (2.937)	0.159*** (3.562)	0.164** (2.308)
企业控制变量				
Size	0.041*** (2.873)	0.048** (2.248)	0.031* (1.735)	0.029* (1.752)
Ebit	-0.252* (1.858)	-0.238* (1.708)	0.323* (1.693)	0.295** (2.419)
Asset Struc	0.242*** (6.094)	0.278*** (6.282)	0.173** (2.106)	0.178** (2.096)
Lev	0.031* (1.887)	0.029* (1.709)	0.032* (1.693)	0.035* (1.728)
Pillar-industry	0.018** (2.218)	0.017*** (2.832)	0.029** (2.107)	0.028*** (2.754)
其他政治关联变量				
PC		0.154** (2.071)		0.071** (1.982)
制度环境变量				
IndexFIN	0.028** (2.397)	0.026* (1.716)	-0.027* (-1.692)	-0.038* (-1.871)
Ind & Year	YES	YES	YES	YES
Observations	721	721	721	721
Adjusted-R^2	0.264	0.207	0.227	0.197
F Value	29.666	19.793	24.539	18.646

注：系数下面的括号中报告了回归系数所对应的 t 统计量，*、**、*** 分别表示在 10%、5%、1%水平上显著。

（1）表 8-6 是解释变量为国有股权虚拟变量的线性回归，分别考察了国有股权对银行贷款率和银行贷款期限的影响。列（1）和列（3）的结果显示，在控制相关变量之后，StateShare 的系数分别在 5%和 1%的水平上显著为正，这说明民营控股企业含有国有股权确实对企业取得银行的信贷支持有显著的促进作用，即 H1 成立。国有股权对公司取得贷款的期限也有显著的促进作用，国有股权间接传递了民营企业得到政府保护的信号，对于其他条件相同的民营企业来说，银行更愿意将长期贷款配置给有国有股权的民营企业。此外，我们还发现，在回归模型中，列（2）和列（4）的结果显示企业家参政的系数显著为正，这说明民营企业在含有国有股的同时，公司实际控制人或总经理是人大代表或政协委员仍对公司获取银行贷款有显著的好处，这个结果也与以前将政治关联定位于企业家参政的研究文献结论一致。研究表明，民营企业引入国有股权作为一种政治关联形式，可作为一种非正式替代机制缓解民营企业的融资困境。

（2）在控制变量方面，企业平均资产规模、可抵押资产、企业平均资产负债率以及制度环境对银行贷款率和贷款期限均有显著的影响。企业规模越大，银行贷款数量越多、期限越长，规模越大的企业实力越雄厚，银行放贷的风险越小，则更倾向于提供贷款。可抵押资产占企业资产比重越大，越容易获得更多、更长期限的银行贷款，这与可抵押资产的特性有关，可抵押资产比重越大，银行在企业违约时收回贷款的可能性越大，银行的放贷风险相对较小。企业资产负债率越小，获得的银行贷款数量越多、期限越长，且债权人提供的资金与企业资本总额相比所占比例低，企业不能偿债的可能性小，银行更易于向其提供贷款。

（三）社会资本与国有股权的替代效应

前文的分析表明，国有股权对企业获得银行贷款有显著的正向影响。下面我们通过检验模型（2）和模型（3），来分析国有股权与社会资本在企业获得银行贷款方面是否存在一定的替代效应，以及国有股权与企业家参政在企业获得银行贷款方面的关系。表 8-7 列出了回归结果。

表 8-7　国有股权与社会资本的替代效应

变　量	银行贷款率		贷款期限	
	（1）	（2）	（3）	（4）
国有股权变量				
StateShare	0.085 （1.593）		0.095* （1.783）	
其他政治变量				
PC		0.079 （1.385）		0.089 （1.269）

续表

变 量	银行贷款率		贷款期限	
	(1)	(2)	(3)	(4)
企业控制变量				
Size	0.042 (0.687)	0.043* (1.671)	0.223* (1.774)	0.214 (1.327)
Ebit	−0.252* (1.679)	−0.247* (1.801)	0.317** (2.078)	0.324** (2.502)
Asset Struc	0.316** (2.262)	0.287*** (2.617)	0.309** (2.037)	0.312*** (2.718)
Lev	0.028* (1.786)	0.031* (1.692)	0.030* (1.795)	0.031* (1.874)
Pillar-industry	0.019*** (2.816)	0.016** (2.125)	0.026** (2.168)	0.028*** (2.718)
制度环境变量				
Index FIN	0.032* (1.812)	0.026 (1.171)	−0.027 (−1.182)	−0.037** (−2.098)
交互项				
Edu × StateShare	0.024 (0.624)		0.019 (0.615)	
(1 − Edu) × StateShare	0.035** (2.013)		0.042* (1.941)	
PC × StateShare		0.020 (0.704)		0.018 (0.681)
PC × (1 − StateShare)		0.028* (1.726)		0.024** (2.142)
Ind & Year	YES	YES	YES	YES
Observations	721	721	721	721
Adjusted-R^2	0.245	0.220	0.253	0.208
F Value	26.899	21.328	28.046	19.802

注：系数下面的括号中报告了回归系数所对应的 t 统计量，*、**、*** 分别表示在 10%、5%、1%水平上显著。

回归结果显示，交互项（1 − Edu）× StateShare 的回归系数 β_2 均显著为正；另一个交互项 Edu × Staterate 的回归系数 β_1 虽然为正值，但并没有通过显著性检验。这一结果表明，在社会资本较低的地区，国有股权对民营企业取得银行贷款有显著的影响；但是，在社会资本较高的地区，企业便可以凭借较高的互信度为企业带来融资便利，这样，民营企业在获得银行贷款方面对国有股权的依赖程度便会显著减弱，即国有股权与社会资本在影响民营企业获得银行贷款方面存在一定程度的替代关系，这一结论支持了 H2。此外，我们还检验了企业家参政与国有股权的关系，回归结果显示，交互项 PC×(1-StateShare) 的回归系数 β_2 均显著为正；另一个交互项 PC×Staterate 的回归系数 β_1 虽然为正值，但并没有通过显著性检验。结果表明，在含有国有股权时，企业在获得银行信贷支持方面对企业家参政的依赖程度也会显著降低，这说明企业家参政与国有股权在企业获得银行贷款方面也存在一定程度的替代效应。

（四）稳健性检验

为了考察上述研究结果的可靠性，我们进行了稳健性检验。本章对解释变量进行了替换：对国有股权虚拟变量 StateShare，我们用国有股权比例 Staterate 进行替代；对于社会资本 Edu，我们用各地区四大银行的不良贷款率 BLR 来进行替代，BLR 指数越低，说明该地区社会资本越高。检验结果如表 8-8 所示。

表 8-8 稳健性检验结果

变量	国有股权对银行贷款的影响		国有股权与社会资本的替代关系	
	银行贷款率	贷款期限	银行贷款率	贷款期限
国有股权变量				
Staterate	0.265*** (2.647)	0.149** (2.025)	0.135* (1.677)	0.107 (1.243)
企业控制变量				
Size	0.037** (2.136)	0.029* (1.715)	0.044** (2.272)	0.041* (1.819)
Ebit	-0.239** (2.042)	0.362* (1.752)	-0.343* (1.817)	0.287* (1.914)
Asset Struc	0.218** (2.167)	0.182** (2.293)	0.247*** (3.183)	0.192** (2.276)
Lev	0.032* (1.721)	0.029* (1.727)	0.026* (1.806)	0.031* (1.763)
Pillar-industry	0.019** (2.045)	0.022*** (2.749)	0.018** (2.138)	0.023*** (3.017)
制度环境变量				
IndexFIN	0.024* (1.703)	0.026 (1.082)	-0.023* (-1.725)	-0.031** (-2.059)

续表

变量	国有股权对银行贷款的影响		国有股权与社会资本的替代关系	
	银行贷款率	贷款期限	银行贷款率	贷款期限
交互变量				
Staterate × (1 – BLR)			-0.023** (2.136)	-0.034* (1.831)
Staterate × BLR			-0.018 (1.032)	-0.023 (0.867)
Ind & Year	YES	YES	YES	YES
Observations	721	721	721	721
Adjusted-R^2	0.197	0.202	0.230	0.265
F Value	20.622	19.101	25.084	26.931

注：系数下面的括号中报告了回归系数所对应的 t 统计量，*、**、*** 分别表示在 10%、5%、1%水平上显著。

表 8-8 用新的国有股权变量及社会资本变量替代了表 8-6 和表 8-7 中的解释变量。从表 8-8 的检验结果来看，国有股权比例对企业银行贷款具有显著的正向影响，这一结果与 H1 一致。此外，Staterate×（1- BLR）的回归系数都通过了显著性检验，且其绝对值大于 Staterate ×BLR，这意味着国有股权与社会资本在获得银行贷款方面存在一定的替代效应。在更换了衡量国有股权及社会资本的指标后，新的指标仍然能在很大程度上解释本章的假设，说明本章的实证检验结果和结论具有较高的稳定性和可靠性。

五、小　结

我们的研究将政治关联引申为国有股权在民营企业中的政治关联行为，并对公司所处的社会环境与政治关联的相互关系进行了详细的分析研究，为进一步全面理解在中国经济转型时期政治关联对企业的影响提供了一个崭新的视角。

本章以 2007~2011 年的民营上市公司为例，考察了民营上市公司引入或保留

国有股权这一政治关联对企业获得银行贷款的影响，并进一步研究了社会资本与国有股权在企业获得银行贷款方面的替代关系。研究发现：民营控股企业含有国有股权对企业获得银行贷款有显著的正向影响。国有股权与社会资本在影响民营企业获得银行贷款方面的确存在一定的替代关系，即公司处在社会资本较高的地区时，企业在取得银行贷款时对国有股权的政治关联作用的依赖程度会显著降低。

本章的研究意义在于，在目前经济转型的背景下，国有股权在民营企业中的存在是一种重要的政治关联渠道，像其他政治关联方式一样，都能为企业带来发展资源。但更重要的是，社会软环境的改变与完善，如社会诚信度提高、信息透明，民营企业对政治关联这种非正式替代方式的依赖会大大降低，社会资本的提升会显著降低企业的交易成本，这对于企业所处环境的社会资本培育具有重要的启示。

第九章 国有股权、金融关联与融资约束

一、引 言

中国民营企业对国民经济的贡献度已经超过国有经济部门。统计资料显示：2013 年，民营企业总数占全国企业总数的 96%，对 GDP 的贡献超过 50%，其所吸纳的就业人数占社会就业总人口的 75%。[①] 但与民营经济重要地位形成鲜明对比的是，民营企业在多方面仍受到制度和政策上的约束，重要的约束之一便是融资困难。据 2011 年《千户民营企业跟踪调查报告》显示，目前流动资金“紧张”的民营企业占 48.3%，“正常”的占 45.5%，“宽裕”的仅占 6.2%。融资难已经成为制约民营企业发展的一个重要瓶颈。

民营企业是在中国处于转型经济的背景下，在法律体系不健全、市场经济体制不完善的情况下发展起来的。民营企业产权保护不明确，民营企业的发展存在不确定性，面临更大的风险。在民营企业融资过程中，由于存在严重的信息不对

① 资料来源：中国应该鼓励民营银行发展 [N]. 金融时报，http：//www.ftchinese.com/story/001053372.

称问题，金融机构较难得到民营企业真实有效信息。金融机构在进行贷款时，一般更愿意将资金贷给大型国有企业。民营企业普遍面临着融资约束问题（Cull等，2005；Allen等，2005）。

企业是与经济领域的各个方面发生联系的网络纽结，因此企业发展必然要受到所处环境的影响。中国的民营企业是在正式制度不完善的环境下发展起来的，这意味着中国一定存在某些替代性机制来支撑民营经济的发展。以往研究发现，民营企业可以通过聘请具有金融背景的人员担任公司的高管，从而与金融机构建立金融关联（邓建平等，2011）。金融关联是一种有别于政治关联的社会资本，这为在一定程度上缓解民营企业融资困境提供了一个新的有效途径（张敦力和李春儿，2013）。金融关联可以作为一种正式制度的替代机制（邓建平和曾勇，2011）。金融关联不仅有助于民营企业与金融机构建立密切的关系网络，加强金融机构对民营企业的深入认识，完善相关的信息传递机制；而且民营企业高管中具有金融背景人员的存在，对于金融机构来说是一种声誉和隐性的担保。邓建平和曾勇（2011）以2004~2008年800个A股民营上市公司为样本进行研究，发现在金融市场化（正式制度）不完善的地区，金融关联可以缓解民营企业融资约束。

Allen等（2005）和Allen（2006）强调，在正式机制缺乏的国家，或在正式机制不完善的经济体中，应该更加关注非正式机制是如何运行的。大量研究表明，政治关联可以作为一种正式制度的替代机制，可以减少交易成本，降低不确定性，使民营企业获得金融资源优势，缓解融资约束。罗党论和甄丽明（2008）的研究发现，相对于没有政治关联的民营企业，有政治关联的民营企业更容易获得银行贷款，面临的融资约束较小；此外，金融发展水平越低的地区，民营企业政治关联缓解融资约束的作用越明显。白重恩等（2005）研究发现，政治关联可以作为民营企业的一种保护措施，以此来降低贷款的难度。

但这些研究的政治关联刻画主要体现为民营企业家的政治身份、董事长或CEO的政治身份和政府官员背景。被学者们普遍忽略的一种非常重要的政治关联渠道是民营控股公司在所有权安排时有意引入国有股权或在买壳上市时保留一定比例的国有股权。在中国转轨经济的制度背景下，国有股权在市场经济中依然占据较大的比重，而在上市公司中，国有股参与的企业更是占了大多数。2011 年，中国民营上市公司 100 强公司治理评价报告指出，在样本公司中，第二大股东和第三大股东为国有性质的分别高达 48%和 37%，比 2009 年的 32%和 23%均有大幅提高。[①] 我们认为，民营控股公司通过引入或保留国有股权也能对融资起到很好的作用，这是因为国有股东可以发挥传递企业获得政府支持及企业实力信号的作用，是一种重要的声誉机制，能更好地促使企业获得额外的发展机会和金融资源。学术界对这种政治关联机制的研究目前非常少见。

那么，在目前中国法律体系不健全、市场经济体制不完善的情况下，国有股权能否真正起到缓解民营企业融资约束的作用？国有股权和金融关联之间是否存在一定程度的替代关系？本章将从微观层面深入分析上述问题，对这些问题的研究将拓展公司政治关联的研究领域。不同于以往大多以民营企业家参政来衡量企业政治关联，本章用国有股权来刻画民营企业的政治关联，这有助于我们从更深层次理解在正式制度缺乏的情况下，民营企业如何寻求非正式制度去缓解融资约束。本章其余部分的结构安排如下：第二部分是文献回顾；第三部分是理论分析与研究假设；第四部分是样本的选取和研究方法描述；第五部分是实证结果及分析；第六部分是研究结论。

二、文献回顾

近年来，已有文献往往将政治关联作为非正式制度的一种替代机制（Cull 和

① 数据来自《2011 年中国上市公司百强治理评价报告》。

Xu，2005；Li、Meng 和 Zhang，2006；罗党论和唐清泉，2009），并将政治关联定义为企业家参政（Agrawal 和 Knoeber，2001；Faccio，2006；罗党论和黄琼宇，2008），即将政治关联定义为企业实际控制人、高管或董事会成员是否现在或曾经任职于各级政府部门，研究政治关联对民营企业融资的影响。Li、Meng、Wang 和 Zhou（2008）以中国 2324 家民营企业为研究样本，研究发现民营企业家的党员身份能够影响企业的发展，与没有党员身份的企业家相比，具有党员身份的企业家更容易从国有银行或金融机构获得贷款，并且财务杠杆更高。余明桂和潘红波（2008）以 A 股市场上的民营企业为样本，研究发现民营企业家参政可以缓解融资约束，不仅可以使得企业能够获得更多的银行贷款，而且还可以获得更长的债务期限；进一步研究发现，在金融发展落后、市场经济体制不健全的地区，政治关联缓解融资约束的作用更明显。

此外，邓建平等（2011）研究发现，在中国各种正式制度不完善的情况下，金融关联和企业家参政所形成的政治关联在缓解民营企业融资约束方面具有类似的效果，也可以将金融关联作为正式制度的一种替代机制。Charumilind、Kali 和 Wiwattanakantang（2006）以 1997 年亚洲金融危机时期泰国企业的长期贷款获取情况作为研究对象，发现与银行有金融关联的企业更容易获得长期贷款，并且为了获得长期贷款所需要的抵押物更少。

应该指出，上述文献没有分析民营企业中的国有股权对民营企业融资约束的影响作用。民营企业通过国有股权建立了与政府之间的联系，能够帮助企业发展（Blanchard 和 Shleifer，2000），并且国有股权的存在能够减少政府干预和政府攫取（Che 和 Qian，1998）。在我国目前金融市场发展不完善的情况下，研究和分析非正式制度对于企业融资的影响尤为重要。国内学者还没有从民营企业中的国有股权角度分析政治关联对于民营企业融资约束问题，本章可以填补这一研究空白。

三、理论分析与研究假设

(一) 国有股权与民营企业的融资约束

中国的金融资源多数流向国有企业(林毅夫等,2005;江伟和李斌,2004)。由于中国经济体制的特点,国有股权的性质决定了其与政府保持着天然的联系,相对于其他性质的股权,国有股权能够享受更多政府提供的优惠条件(Lu,1996),在产权保护、资源获取、融资便利、进入政府管制性行业以及促进企业的多元化投资等方面获得诸多优惠。此外,国有股权传递了企业获得政府支持及企业实力信号的作用,国有股权在民营企业中的存在,无疑会给民营企业起到制度层面的声誉担保作用。国有股权的存在,拉近了民营企业与政府的关系,因此,有理由认为,民营企业含有国有股权可能是非常重要的政治关联渠道。

由此,我们提出第一个假设:

H1:对于其他条件相同的民营企业来说,含有国有股权的民营企业比不含有国有股权的民营企业更具有政治资源优势,能够缓解公司融资约束。

(二) 国有股权、金融关联与民营企业融资约束

邓建平等(2011)将金融关联定义为民营企业通过聘请具有金融背景(如银行、证券、信托、保险、基金)的人员来担任公司的高管,从而与金融机构建立密切联系。边燕杰和邱海雄(2000)强调企业不是孤立的行动个体,而是与经济领域的各个方面发生联系的企业网络的纽结。能够通过这些关系来获取稀缺资源

反映出企业的一种能力，而这种能力就是企业的社会资本。通过聘请具有金融工作背景的人员作为公司的高管来建立金融关联的手段，一方面，有助于民营企业与金融机构建立紧密的关系网络，这种关系网络可能会加强银企之间的信息传递，完善信息传递机制，从而影响金融机构的决策；另一方面，这种金融关联可以作为一种声誉和隐性的担保机制，有利于增强企业的信用和声誉。因此，金融关联为民营企业和金融机构搭建了一座沟通的桥梁，在一定程度上可以解决金融机构与中小民营企业信息不对称的问题。此外，通过聘请具有金融机构工作背景的人员加入公司，可以借助这些金融人才的技能为企业打造具有创新性的融资方案，从而为其民营企业带来融资便利。魏刚等（2007）研究发现，独立董事的银行背景能够显著影响公司的经营业绩。潘克勤（2011）研究发现，实际控制人或公司董事具有金融机构工作经历的民营上市公司的融资约束明显降低。

研究发现，政治关联程度较低的企业，金融关联缓解融资约束的作用较大；相反，政治关联程度较大的企业，金融关联缓解融资约束的作用就较小（邓建平和曾勇，2011）。既然民营企业中的国有股权是非常重要的政治关联渠道之一。我们认为民营企业中的国有股权和民营企业家参政对于缓解融资约束方面具有相同的效果。

由此，我们提出第二个假设：

H2：对于其他条件相同的民营企业来说，当民营企业不含有国有股权时，金融关联缓解融资约束的作用较大；相反，当民营企业含有国有股权时，金融关联缓解融资约束的作用就会较小。

四、研究设计

（一）样本选择和数据来源

本章以 2009~2012 年上市的民营上市公司为原始样本，按照以下原则对原始样本进行了剔除：①剔除了信息披露不详和相关财务数据在 1%与 99%分位数以外的极端值的样本；②剔除了最终控制人不详的公司；③剔除了买壳上市的民营企业，即保证了民营上市公司政治关联和金融关联的纯粹性；④为保证财务数据的准确性，剔除了在 2009~2012 年中被 ST、PT 的公司；⑤剔除了金融、保险类公司。最后，我们得到了 257 家民营企业，共 736 个样本观测值。本章所使用的国有股权和金融关联的相关数据来源于民营上市公司年报，上市公司的董事会资料来自 CSMAR 中的公司治理数据库，财务相关数据来自 CSMAR 数据库和色诺芬 CCER 数据库，其余相关数据来自 CSMAR 数据库和 Wind 数据库。

（二）变量定义

1. 被解释变量

为了充分考虑民营控股企业中国有股权对公司融资约束的影响，本章采用公司银行贷款特征作为被解释变量，其中用 Debt1 表示银行贷款率，用 Debt2 表示贷款期限。参照余明桂和潘红波（2008）对于银行贷款率及贷款期限的定义方法，将银行贷款率定义为银行贷款总额（短期贷款和长期贷款之和）占总资产的百分比，贷款期限定义为长期贷款占银行贷款总额的百分比。

2. 解释变量

由于国有股权的性质决定了其与政府保持天然的联系，在本章中我们用民营企业中的国有股权来定义政治关联。我们采用民营企业前十大股东中含有国有股东来刻画政治关联，用 Stateshare 来表示。国有股的具体持股主体包括由政府机关控制的行业主管部门、国资局、国有资产管理公司以及一般的国有企业，用 State background 来表示。我们认为如果企业国有股实际是由政府机关控制的，则我们认为其政治关联程度最强；若由一般的国有企业控制，则认为政治关联程度较强；若无国有股，则认为政治关联程度很弱或几乎没有。

由于本章是对政治关联与金融关联在公司取得银行贷款方面的替代关系进行研究，因此，我们对民营企业的金融关联也进行了相关的定义。金融关联主要是指民营企业通过聘请具有金融工作背景的人员来担任公司高管所建立的企业与金融机构之间的关联。将金融关联定义为公司高管[①] 中曾在金融机构（银行、证券公司、保险公司、信托公司等）任职的高管人数占高管总人数的比例，用 Fin_rate 来表示。

3. 控制变量

我们考虑以下影响债务融资的公司特征变量：企业规模、固定资产、盈利能力、财务杠杆、企业成长性、是否为当地支柱产业和股权结构。企业规模（Size）定义为总资产的自然对数，规模越大，也就意味着企业抵抗风险的能力越强，银行信贷人员会将企业规模作为风险衡量的一个指标。固定资产（Tangible）定义为固定资产净值与总资产的比值，固定资产越多，企业抵御风险的能力越强，具有良好的声誉，会影响到企业的融资能力。此外，本章将盈利能力（Ebit）定义为息税前利润与总资产的比值；财务杠杆（Lev）定义为总负债/总资产，它反映公司的资本结构对企业绩效的作用；企业成长性（Growth）定义为过去 3 年的年平均销售收入增长率，如果公司上市不足 3 年，则按照实际上市年数计算；股权

① 在这里公司高管主要是指董事会成员和总经理。

结构（Top1）定义为第一大股东持股比例，一个企业的股权结构会影响到企业的业绩，从而对企业绩效产生影响。我们还定义了民营企业的主营业务收入是否为当地支柱产业（Pillar_industry），若民营企业的主营业务为当地支柱产业，那么当地政府出于政绩考核等政治目的便会对该企业大力扶持，会缓解民营企业的融资约束。详细的变量定义如表 9-1 所示。

表 9-1 变量定义和计算方法

含 义	变量名	变量定义
		被解释变量
银行贷款率	Debt1	（短期贷款 + 长期贷款）/总资产
贷款期限	Debt2	长期贷款占银行贷款总额的百分比
		解释变量
是否含有国有股权	Stateshare	虚拟变量，公司前十大股东中含有国有股股东时为 1，否则为 0
国有股权背景	State background	如果企业国有股实际是由政府机关控制的，我们认为其政治关联程度最强，赋值为 1；若由一般的国有企业控制，则认为政治关联程度较强，赋值为 0.5；若无国有股，则认为政治关联程度很弱或几乎没有，赋值为 0
金融关联程度	Fin_rate	金融关联高管人数占高管总人数的比例
		控制变量
公司规模	Size	公司总资产的自然对数
固定资产	Tangible	固定资产净值与总资产的比值
盈利能力	Ebit	息税前利润与总资产的比值
财务杠杆	Lev	总负债与总资产的比值
企业成长性	Growth	（当年销售收入 - 上年销售收入）/上年销售收入
是否为当地支柱产业	Pillar_industry	虚拟变量，如果是当地支柱产业则为 1，反之为 0
股权结构	Top1	第一大股东持股比例

4. 检验模型与相关说明

为检验提出的理论假设，这里构造了如下两个基本模型。

模型（1）：

$$\text{Debti}_{it} = \alpha + \beta_1 \text{Stateshare}_{it} + \beta_2 \text{Size}_{it} + \beta_3 \text{Tangible}_{it} + \beta_4 \text{Ebit}_{it} + \beta_5 \text{Lev}_{it} + \beta_6 \text{Growth}_{it} + \beta_7 \text{Pillar\_industry}_{it} + \beta_8 \text{Top1}_{it} + \mu_{it}$$

模型（2）：

$$\text{Debti}_{it} = \alpha + \beta_1 \text{Fin\_rate}_{it} \times \text{Stateshare}_{it} + \beta_2 \text{Fin\_rate}_{it} \times (1 - \text{Stateshare}_{it}) +$$

$$\beta_3 Staterate_{it} + \beta_4 Size_{it} + \beta_5 Tangible_{it} + \beta_6 Ebit_{it} + \beta_7 Lev_{it} + \beta_8 Growth_{it} + \beta_9 Pillar\_industry_{it} + \beta_{10} Top1_{it} + \mu_{it}$$

其中，α 为截距项，μ 为随机误差项，β_1~β_{10} 为偏回归系数，i 表示横截面上不同的公司（i=1，2，…，257），t 表示不同年份（t=1，2，3，4）。

由于面板数据模型包括随机效应模型和固定效应模型，且二者在应用上有较大的区别，因此我们首先进行了豪斯曼检验（Hausman-test），检验结果 p 值为 0.0017，故拒绝原假设。因此，我们认为模型存在固定效应，在接下来的研究中，我们都将使用固定效应模型。

模型（1）用于检验引入或保留国有股权对融资约束的影响，根据我们的理论假设，含有国有股权能够显著缓解融资约束，含有国有股权的民营企业与不含有国有股权的民营企业相比，融资约束变小。如果假设成立，可以预测模型（1）中的 β_1 显著为正。

模型（2）用于检验国有股权与金融关联的相互替代关系。根据我们的理论假设，当企业没有引入或保留国有股权时，金融关联缓解融资约束的作用较大；相反，当企业没有引入或保留国有股权时，金融关联缓解融资约束的作用就会较小。如果假设成立，则模型（2）中的 β_1 不显著，β_2 与 β_3 是显著的。

五、实证结果及分析

（一）描述性统计

表 9-2 是对研究变量的描述性统计，主要描述了样本变量的最小值、最大值、均值和标准差。

表 9-2 研究变量的描述性统计

	样本量	最小值	最大值	均值	标准差
Debt1	736	0.023	0.758	0.236	0.125
Debt2	736	0.000	0.986	0.257	0.254
Stateshare	736	0.000	1.000	0.482	0.465
Fin_rate	736	0.000	0.375	0.048	0.579
Size	736	19.825	23.732	21.517	0.862
Tangible	736	0.016	0.765	0.218	0.327
Ebit	736	-0.477	0.326	0.073	0.108
Lev	736	0.036	0.855	0.442	0.318
Growth	736	-1.123	12.378	1.213	8.762
Pillar_industry	736	0.000	1.000	0.319	0.418
Top1	736	0.006	0.726	0.353	0.214

从表 9-2 中可以看出，民营控股公司的平均银行贷款率为 0.236，这说明从总体来看，银行贷款额平均约为总资产的 23.6%，虽然上市公司的融资渠道有很多，但是目前银行贷款仍是企业重要的融资来源；并且，贷款率的最小值为 0.023，最大值为 0.758，最小值与最大值之间差距很大，这说明不同的企业在获取银行贷款方面存在很大的差异。此外，贷款期限的平均值仅为 25.7%，说明我国的民营控股企业获得长期贷款的难度大，银行更加倾向于期限较短的短期贷款；并且贷款期限最小值为 0.000，最大值为 0.986，最小值与最大值之间差距很大，这说明不同民营企业能够取得长期贷款的能力差异也较大。

国有股权的平均值为 48.2%，这表明在民营企业中含有国有股权是比较普遍的现象，体现出民营控股企业通过国有股权的方式与政府建立政治关联的趋势。民营企业通过这种方式与政府建立政治关联便属于制度内的关联，在以后将更加普遍。金融关联程度的平均值为 4.8%，这说明有 4.8%的民营企业是通过聘请具有金融工作背景的人员来担任公司高管而建立企业与金融机构之间的关联。

另外，在控制变量方面，企业规模均值为 21.517；固定资产的均值为 0.218；盈利能力的均值为 0.073；财务杠杆的均值为 0.442；企业成长性的均值仅为 1.213，这说明民营控股公司仍有很大的发展空间；民营控股公司的主营业务收入为当地支柱产业收入的均值为0.319，这也说明了民营控股公司的主营业务约为当地支柱产业的1/3；股权结构的平均值为0.353。大部分控制变量的最大值和最小值的差异比较大，这说明公司资质的差异性很大。

（二）分组的单变量分析

在对模型进行回归分析前，我们根据股权控制背景，将样本观测值划分为含有国有股权和不含有国有股权的两组，含有国有股权的一组样本观测值有355个，占样本观测值总数的比例超过了48.2%，说明我国超过48.2%的民营上市公司含有国有股权。我们进行了变量的分组检验：第一组是含有国有股权的企业，即国有股权的实际控制人为政府机关控制的行业主管部门、国资局、国有资产管理公司或者一般的国有企业；第二组为不含有国有股权的企业。表9-3列出了含有国有股权与不含有国有股权的民营控股企业在取得银行贷款和企业特征方面的差异。

表9-3　分组之间的单变量检验

变　量	分组情况		t检验
	含有国有股权组	不含有国有股权组	
银行贷款率	0.257	0.195	3.127***
贷款期限	0.283	0.162	3.876***
公司规模	22.683	21.137	1.871*
固定资产	0.237	0.181	2.056**
盈利能力	0.078	0.063	1.841*
财务杠杆	0.591	0.364	3.820***
企业成长性	1.253	1.175	0.928
是否为当地支柱产业	0.334	0.296	4.376***
股权结构	0.356	0.347	1.142

注：* 表示在10%水平上显著，** 表示在5%水平上显著，*** 表示在1%水平上显著。

表9-3的结果显示，含有国有股权的企业的银行贷款率平均为25.7%，不含有国有股权的企业则为19.5%，这种差异在1%水平上高度显著；含有国有股权

的企业的贷款期限平均为 28.3%，而不含有国有股权的企业只有 16.2%，且这种差异在 1%水平上高度显著。这说明含有国有股权的企业和不含有国有股权的企业在银行贷款率和贷款期限方面均有显著的差异。这也与以往研究结果相一致，已有研究发现，有政治关联的民营企业可以获得更多的银行贷款和更长的贷款期限（余明桂、潘红波，2008）。民营企业中的国有股权作为民营企业的一种非常重要的政治关联渠道，可以使得民营企业获得更多的资源优势，缓解融资约束。这初步证明了本章的 H1，我们将在后文的多变量回归分析中进一步论证这个假设。

另外，结果显示，对于含有国有股权和不含有国有股权的企业的相关财务指标和企业特征变量，企业平均资产规模、固定资产、盈利能力、财务杠杆、是否为当地支柱产业的检验结果也均是显著的。例如，含有国有股权的民营企业的平均规模为 22.683，不含有国有股权的企业为 21.137，含有国有股权的民营企业的规模显著高于不含有国有股权的企业的规模；类似地，含有国有股权的企业的财务杠杆也显著高于不含有国有股权的企业。就企业成长性而言，含有国有股权的企业的平均值约为 1.253，不含有国有股权的企业的平均值为 1.175，前者略高于后者，但两者之间并无显著差异。

（三）回归结果分析

表 9-4 回归结果

含 义	国有股权对融资约束的影响		国有股权与金融关联的替代关系	
	Debt1	Debt2	Debt1	Debt2
Constant	0.831* (1.764)	0.215 (0.586)	0.697* (1.823)	0.426 (0.766)
Staterate	0.113*** (9.871)	0.085*** (6.216)	0.097*** (8.174)	0.083*** (5.775)
Fin_rate × Stateshare			0.004 (0.734)	0.007 (1.105)
Fin_rate × (1 − Stateshare)			0.382*** (7.914)	0.327*** (6.288)

续表

含义	国有股权对融资约束的影响		国有股权与金融关联的替代关系	
	Debt1	Debt2	Debt1	Debt2
Size	5.118** (2.341)	4.513* (1.815)	4.956** (2.258)	4.226** (2.451)
Tangible	0.335*** (4.515)	0.258*** (3.461)	0.271*** (3.776)	0.269*** (3.695)
Ebit	-0.241* (-1.682)	0.414*** (3.071)	-0.273** (2.136)	0.369** (2.361)
Lev	0.462*** (7.316)	0.435*** (6.876)	0.386*** (7.254)	0.363*** (6.911)
Growth	0.143 (1.132)	0.127 (0.867)	0.121 (0.791)	0.135 (1.037)
Pillar_industry	0.028** (2.353)	0.022* (1.895)	0.036*** (2.987)	0.030** (2.566)
Top1	0.433 (0.867)	0.396 (0.672)	0.406 (0.775)	0.389 (0.627)
Industry	YES	YES	YES	YES
Year	YES	YES	YES	YES
Observations	736	736	736	736
Adjusted-R^2	0.465	0.482	0.417	0.389
F Value	36.537***	35.293***	33.351***	29.687***

注：* 表示在 10%水平上显著，** 表示在 5%水平上显著，*** 表示在 1%水平上显著。

1. 国有股权对融资约束的影响

表 9-4 报告了模型（1）和模型（2）的估计结果。模型（1）给出了国有股权对银行贷款率、贷款期限的回归结果。由表 9-4 可知，在控制了可能影响民营控股企业融资约束的变量后，国有股权对银行贷款率、贷款期限的影响在 1%的水平上均显著，回归系数分别是 0.113 和 0.085，即含有国有股权的民营企业比不含有国有股权的民营企业更具有政治资源优势，能缓解融资约束，H1 成立。

在控制变量方面，公司规模的系数为正，且统计显著，表明企业规模是显著影响民营企业融资约束的；固定资产的系数为正，且在 1%的水平上显著，表明民营企业中的固定资产能够显著影响企业获取贷款的能力；盈利能力与银行贷款率呈负相关显著，这可能是因为盈利能力较强时企业有更多的留存收益，企业需要的外源融资也就减少了（陆正飞、辛宇，1998）；但盈利能力对贷款期限的影响显著为正，这是因为企业盈利能力较强时，银行对企业的信用评估也会较高，企业取得长期贷款也会更容易；财务杠杆的系数为正，且在 1%的水平上显著，表明财务杠杆越高，民营控股企业获取贷款的能力强；是否为当地支柱产业的系数也显著为正，说明当企业为当地支柱产业时，企业绩效也会提高；企业成长性和股权结构的系数均为正，但都不显著，这说明企业的成长性和股权结构对民营企业获取贷款的能力影响不大。

2. 国有股权与金融关联替代作用

表 9-4 后两列检验了国有股权与金融关联在企业绩效方面的替代作用。结果显示，在两种不同的因变量中，民营企业国有股权与金融关联程度的交乘项 Fin_rate × Stateshare 的回归系数分别为 0.004 和 0.007，虽然为正值，但都没有通过显著性检验，而 Fin_rate ×（1 − Stateshare）的回归系数分别为 0.382 和 0.327，并且均在 1%的水平上显著。这说明民营企业的金融关联在不含有国有股权的企业中得到了很好的发挥，帮助企业获得资源优势，缓解了企业的融资约束，使民营企业获得了融资便利；但是在有国有股权的企业中，民营企业金融关联的作用受到了限制，对民营企业融资约束的影响比较小。我们进一步将这两项的系数求和，得到 Fin_rate 的系数为 0.386（0.004 + 0.382）和 0.334（0.007 + 0.327），即总体来说金融关联能帮助企业获得资源优势，缓解融资约束，民营企业的金融关联在有国有股权的企业中受到了抑制。所以，民营企业的金融关联对于企业融资约束的影响可能在没有国有股权的时候才会更好地发挥作用，而当企业中有国有股权时，企业对金融关联的依赖程度便会大大减弱。因此，民营企业中的国有股权与民营企业金融关联在缓解融资约束方面存在替代关系，H2 成立。另外，模型（2）中控制变量的影响与模型（1）基本一致。

（四）稳健性检验

为了考察上述研究结果的可靠性，我们还进行了稳健性检验。我们对解释变量进行了替换，对民营企业前十大股东中含有国有股东的变量 Stateshare 用国有股权背景 State background 进行替代，检验结果如表 9–5 所示。

表 9–5 稳健性检验结果

含 义	国有股权对融资约束的影响		国有股权与金融关联的替代关系	
	Debt1	Debt2	Debt1	Debt2
Constant	0.735* (1.667)	0.236 (0.893)	0.713* (1.885)	0.366 (1.124)
Staterate	0.096*** (7.658)	0.084*** (5.875)	0.093*** (7.136)	0.087*** (6.361)
Fin_rate × State background			0.005 (0.864)	0.006 (0.977)
Fin_rate × (1 – State background)			0.406*** (8.264)	0.351*** (6.882)
Size	4.854** (2.326)	4.615* (1.732)	4.997** (2.453)	3.879** (2.173)
Tangible	0.287*** (3.562)	0.264*** (3.336)	0.285*** (3.867)	0.294*** (4.275)
Ebit	–0.271* (–1.764)	0.387*** (2.876)	–0.289** (2.215)	0.377** (2.384)
Lev	–0.471*** (–8.374)	–0.425*** (–6.976)	–0.372*** (–6.676)	–0.376*** (–7.213)
Growth	0.135 (1.126)	0.128 (0.934)	0.125 (0.776)	0.133 (1.085)
Pillar_industry	0.026** (2.167)	0.023* (1.935)	0.033*** (2.692)	0.029** (2.483)
Top1	0.407 (0.769)	0.399 (0.721)	0.379 (0.618)	0.384 (0.677)
Industry	YES	YES	YES	YES
Year	YES	YES	YES	YES
Observations	736	736	736	736
Adjusted-R^2	0.483	0.506	0.432	0.465
F Value	37.694***	36.562***	34.785***	35.773***

注：* 表示在 10%水平上显著，** 表示在 5%水平上显著，*** 表示在 1%水平上显著。

表 9–5 是用新定义的国有股权变量替代了表 9–4 中的解释变量。从表 9–5 的检验结果来看，在更换了衡量国有股权的指标后，新的指标仍然能在很大程度上解释我们的假设，即民营控股公司中的国有股权对企业获得银行贷款有显著影响，并且民营企业中的国有股权与民营企业金融关联在缓解融资约束方面存在替代关系。

六、小　结

在目前转型经济时期，我国的法律保护不充分、金融市场不发达，使得民营企业产权保护不明确，民营企业的发展存在不确定性，面临更大的风险，但是经济却得到了快速的发展，尤其是民营企业的发展（Allen，2005）。持续的外部融资是民营企业快速发展的重要因素（Cull 等，2005）。在正式制度不完善的情况下，为了得到更好的发展，民营企业寻求其他方式来获得发展的空间。正因为如此，民营企业尝试通过建立良好的政治关联或者金融关联来帮助其获得发展的空间，以缓解企业发展所面临的融资约束。

我们论述了如下问题：民营企业中的国有股权对民营企业融资约束的影响，以及民营企业中的国有股权与金融关联在缓解融资约束方面的替代作用。我们以中国民营上市公司 2009~2012 年的数据为样本，对上述问题进行了合理的理论论证与实证检验。研究表明，民营企业中的国有股权能够缓解民营企业的融资约束，以及民营企业中的国有股权与民营企业金融关联在缓解融资约束方面存在替代作用。

尽管有不少学者展开了对民营企业政治关联对民营企业获取银行贷款的影响方面的实证研究，但大多数都是将政治关联定义为企业与拥有政治影响力的个人之间形成的隐性政治关联，也就是，如果一家公司的总经理、董事长、董事、高管现就职于或曾就职于中央政府、地方政府、军队，或者是人大代表、政协委员，那么这家公司就属于政治关联公司。我们将政治关联定义为民营企业所含有的国有股权，为更好地理解在中国经济转型时期政治关联影响民营企业融资方面提供了一个合理的视角，我们开拓了研究政治关联与企业融资的新领域。

我们的研究意义在于，民营企业中的国有股权传递了民营企业获得政府支持及企业实力信号的作用，国有股权在民营企业中的存在，无疑会给民营企业起到制度层面的声誉担保作用。因此，有理由认为，民营企业中含有一定比例的国有股权可能是非常重要的政治关联渠道之一。

第十章 结论与展望

政治行为和政治策略对企业的竞争优势和生存发展有着非常重要的影响，而对民营企业发展的影响又有着更特别的意义。由于过去长期的政治和意识形态上的歧视等原因，民营企业的生存和发展在很大程度上受到政治因素及其与当地政府关系的影响。中国市场与西方市场最大的不同是，中国市场是由政府主导的，所以中国企业的行为是面向政府的，而不是面向市场的（张维迎，2001）。在这些背景下，本书主要研究了民营企业建立政治关联的内在机理、渠道、效果，以及政治关联模式的差异性。本书研究的主要结论包括：

（1）民营上市公司高管获取政治身份与公司绩效显著相关，公司绩效的好坏对民营上市公司高管是否能获得政治晋升有显著的影响，且在对民营上市公司高管的经营能力进行评价的时候，更多的是关心他曾经的努力对公司创造的价值。此外，曾在政府部门任职的高管往往能通过建立的“政治网络”使自己具有明显的政治晋升优势；而在一些政府干预较强的地区，企业的绩效很大程度上都被主观地归功于政府干预，民营上市公司高管的职业经理人作用往往容易被忽视，因此政府对企业的干预强度与民营上市公司高管的政治晋升显著负相关。另外，民营上市公司规模越大，社会的认知度就越高，公司高管就越能获取政治晋升。政府干预民营上市公司的经营过程，民营上市公司就会承担一定的社会责任，与公司追求股东利益最大化的目标相违背，不利于民营上市公司绩效的改善。

(2) 地方产权保护越差、当地民营经济发展水平越落后及政府干预越大时，民营控股企业就越希望引入或保留国有股权，进而与政府形成政治关联，民营控股公司引入或保留国有股权的行为是对制度环境不完善的一种替代机制。民营企业通过保留或引入国有股权来建立政治关联是在制度层面的，其所起的作用可能远超表面层次上的民营企业家的参政作用。民营企业通过引入或保留国有股权努力建立与政府之间的“共生关系”，设法使自己的企业带有官方色彩，树立良好的社会形象，提升民营企业家的个人社会地位，为企业的发展营造适宜的政治生态。

(3) 民营控股企业引入或保留国有股权的行为的确对企业获得银行贷款有显著影响。在控制其他相关影响因素之后，引入或保留国有股权的企业比未引入或保留国有股权的企业获得更多的银行信贷支持。民营控股公司引入或保留国有股权的行为与民营企业家参政在影响民营企业获得银行贷款方面的确存在替代关系，即没有国有股权的企业在取得银行信贷支持时，对企业家参政依赖程度较高；但当企业引入或保留国有股权时，企业在取得银行贷款时，对企业家参政的依赖程度便会有所减弱。

(4) 民营控股企业引入或保留国有股权的行为的确对企业进入高壁垒有显著影响。在控制了其他相关影响因素之后，引入或保留国有股权的企业比未引入或保留国有股权的企业进入高壁垒行业的概率要大。民营控股公司引入或保留国有股权的行为与民营企业家参政在影响民营企业进入高壁垒行业存在替代关系，即对引入或保留国有股权的民营企业，没有国有股权的企业在进入高壁垒行业时对企业家参政的依赖程度较高，反之则有所减弱。

(5) 本书通过建立企业多元化投资、引入国有股比例和民营企业家参政这三个指标，建立面板模型，实证分析了民营企业引入或保留国有股权和民营企业家参政对于企业多元化投资的影响。研究结果表明，引入或保留国有股权的民营企业，其多元化程度大于未引入或保留国有股权的民营企业；民营控股公司引入或保留国有股权的行为与民营企业家参政在帮助民营企业进行多元化投资方面存在替代关系。

(6) 民营企业含有国有股权对企业取得银行贷款具有显著的正向影响，然而，当公司所处地区的社会资本较高时，民营企业在获得信贷资源方面对包括国有股权在内的政治关联依赖程度会显著降低。研究结果显示，在目前转型经济背景下，国有股权在民营企业中的存在是一种重要的政治关联渠道，能为企业发展带来资源；但更重要的是，伴随着社会资本的提高、社会软环境的完善，民营企业对政治关联这种非正式替代机制的依赖会降低。

(7) 民营企业中的国有股权对于民营企业来说是一种非常重要的政治关联渠道，能够缓解民营企业的融资约束；进一步研究发现，当民营企业不含有国有股权时，金融关联缓解融资约束的作用较大，相反，当民营企业含有国有股权时，金融关联缓解融资约束的作用就会较小。

本书对民营企业保留或引入国有股权的政治关联效应和机理进行了初步的探究，这些研究表明国有股权在民营企业中确实对其有部分代替制度的保护作用，这些作用体现在帮助民营企业解决融资难问题并打破进入行业壁垒。政治关联的研究是一个很广阔的课题，值得继续研究和发现。未来的研究将主要关注民营企业中代表国有股权的董事的主要职能，以及不占控股地位的国有股东在民营控股上市公司中的股东行为等多个方面，希望能对我国转轨经济时期民营经济迅速发展的探讨与解释有所帮助。

参考文献

[1] Agrawal, A. and C. Knoeber. Do Some Outside Directors Play a Political Role? [J]. Journal of Law and Economics, 2001, 64: 179–199.

[2] Allen, F., Qian J. and Qian M. Law, Finance and Economic Growth in China [J]. Journal of Financial Economics, 2005, 77: 57–116.

[3] Allen, F., R. Chakrabarti, S. De., J. Qian, and Qian, M. J. Financing Firms in India. World Bank Policy Research Working Paper, 2006.

[4] Ang, J., and Boyer C. M. Finance and Politics: The Wealth Effect of Special Interest Group Influence during the Nationalization and Privatization of Conrail [J]. Journal of Economics, 2007, 31 (2): 193–215.

[5] Bai, C.E., Lu J.Y. and Tao Z.G. Property Rights Protection and Access to Bank Loans: Evidence from Private Enterprises in China [J]. Economics of Transition, 2006, 14: 611–628.

[6] Bartels, L. and H. Brady. Economic Behavior in Political Context [J]. American Economic Review, 2003, 93: 156–161.

[7] Bell, C. G., and A. Newell. Computer Structures: Readings and Examples [M]. New York: McGraw–Hill, 1971.

[8] Berger A. N. and G.F. Udell. Relationship Lending and Lines of Small Firm

Finance [J]. Journal of Business, 1995, 68: 351-382.

[9] Bertrand, M., Kramarz, F., Schoar, A., and Thesmar D. Politically Connected CEOs and Corporate Outcomes: Evidence from France. Working Paper, University of Chicago, 2007.

[10] Blanchard, O., A.Shleifer. Federalism with and without Political Centralization: China Versus Russia. NBER Working Paper, No.7616, 2000.

[11] Boyreau-Debray G. and S. J. Wei. Pitfalls of a State Dominated Financial System: The Case of China. NBER Working Paper, No. 11214, 2005.

[12] Brandt L. and H. Li. Bank Discrimination in Transition Economics: Ideology, Information or Incentives? [J]. Journal of Comparative Economics, 2003, 31: 387-413.

[13] Chan, K., V. Dang and I. Yan. Chinese Firms' Political Connection, Ownership, and Financing Constraints [J]. Economics Letters, 2012, 115: 164-167.

[14] Chang S.J., Hong J. How Much does the Business Group Matter in Korea? [J]. Strategic Management Journal, 2002, 23 (3): 265-274.

[15] Charles J. Hadlock, D. Scott Lee, and Robert Parrino. Chief Executive Officer Careers in Regulated Environments: Evidence from Electric and Gas Utilities [J]. Journal of Law and Economics, 2002, 45: 535-563.

[16] Charumilind, C., R. Kali, and Y. Wiwattanakantang. Connected Lending: Thailand before the Financial Crisis [J]. Journal of Business, 2006, 79: 181-218.

[17] Che, Jiahua and Yingyi Qian. Insecure Property Rights and Government Ownership of Firms [J]. Quarterly Journal of Economics, 1998, 113 (2): 467-496.

[18] Chen, C., Li Z., Su X. Rent Seeking Incentives, Political Connections and Organizational: Empirical Evidence from Listed Family Firms in China.Working

Paper, 2005.

[19] Cheung, Y. L., Jing, L. H., Rau, P. R., and Stouraitis A. Guanxi, Political Connections, and Expropriation: The Dark Side of State Ownership in Chinese Listed Companies. Working Paper, City University of Hong Kong, 2006.

[20] Choi, C.J., Lee S.H. and Kim J.B. A Note on Counter Trade: Contractual Uncertainty and Transaction Governance in Transition Economics [J]. Journal of International Business Studies, 1999, 30: 189-201.

[21] Chung K. Business Groups in Japan and Korean [J]. International Journal of Political Economy, 2000, 34 (3): 131-154.

[22] Claessens S., E. Feijen and L. Laeven. Political Connections and Preferential Access to Finance: The Role of Campaign Contributions [J]. Journal of Financial Economics, 2007, 36 (2): 141-162.

[23] Cull, Robert and Xu, Lixin Colin. Institutions, Ownership, and Finance: The Determinants of Profit Reinvestment among Chinese Firms [J]. Journal of Financial Economics, 2005, 77 (1): 117 -146.

[24] Demirguc-Kunt, Asli and V. Maksimovic. Institutions, Financial Markets and the Firm Growth [J]. Journal of Financial Economies, 2006, 54 (3): 295-336.

[25] Denis D., Denis K. and Sarin A. Agency Problem, Equity Ownership and Corporate Diversification [J]. Journal of Finance, 1997, 1: 135-160.

[26] Epstein, E. The Corporation in American Politics [M]. Prentice-Hall Englewood Cliff, NJ, 1969.

[27] Faccio, M. Politically Connected Firms [J]. American Economic Review, 2006, 96: 369-386.

[28] Faccio, Mara, Ronald W. and Masulis, John J. Political Connections and Corporate Bailouts [J]. Journal of Finance, 2006, 46: 132-156.

[29] Fan Joseph P. H., Wong T. J. and Zhang T. Politically-connected CEOs,

Corporate Governance and Post-IPO Performance of China's Newly Partially Privatized Firms [J]. Journal of Financial Economics, 2007, 84: 330-357.

[30] Fisman R. Estimating the Value of Political Connections [J]. American Economic Review, 2001, 91: 1095-1102.

[31] Fraser D.R., H. Zhang and C. Derashid. Capital Structure and Political Patronage: The Case of Malaysia [J]. Journal of Banking and Finance, 2006, 30 (4): 1291-1308.

[32] Gordon R. and W. Li. Government as a Discriminating Monopolist in the Financial Market: The Case of China [J]. Journal of Public Economics, 2003, 87: 283-312.

[33] Guillen, Mauro F. Business Groups in Emerging Economies: A Resource-based View [J]. Academy of Management Journal, 2000, 43 (3): 362-380.

[34] Henderson, R. M., and K. B. Clark. Generational Innovation: The Reconfiguration of Existing Systems and the Failure of Established Firms [J]. Administrative Science Quarterly, 1990, 35 (1): 9-30.

[35] Infante, Luigi and M. Piazza. Do Political Connections Pay off? Some Evidences from the Italian Credit Market. Bank of Italy, Working Paper, 2010.

[36] Jensen M.C. Agency Costs of Free Cash Flow, Corporate Finance and Takeovers [J]. American Economic Review, 1986, 76: 323-329.

[37] Johnson, S. and Mitton, T. Cronyism and Capital Controls: Evidence from Malaysia [J]. Journal of Financial Economics, 2003, 67: 351-382.

[38] Johnson, S., McMillan, J. and Woodruff, C. Property Rights and Finance [J]. American Economic Review, 2002, 92: 1335-1356.

[39] Johnson, Simon, and T. Mitton. Cronyism and Capital Controls: Evidence from Malaysia [J]. Journal of Financial Economics, 2003, 67 (2): 35-82.

[40] Khanna T., Palepu K. Is Group Affiliation Profitable in Emerging Markets?

An Analysis of Diversified Indian Business Groups [J]. Journal of Financial, 2000, 55: 867-891.

[41] Khwaja A.I. and A. Mian. Do Lenders Favor Politically Connected Firms? Rent Provision in an Emerging Financial Market [J]. Quarterly Journal of Economics, 2005, 120 (4): 1371-1411.

[42] Knight, B. Are Policy Platforms Capitalized into Equity Prices? Evidence from the Bush/Gore 2000 Presidential Election [J]. Journal of Public Economics, 2007, 91 (1-2): 389-409.

[43] La Porta, R.F. L. D. Silanes, A. Shleifer, and R. Vishny. Agency Problems and Dividend Policies around the World [J]. American Finance Association, 2000, 55 (1): 1-33.

[44] La Porta, R.F., Lopez-de-Silane, Shleifer, A., and Vishny R. Investor Protection and Corporate Governance [J]. Journal of Financial Economics, 2000, 58 (2): 3-27.

[45] La Porta, R.F., Lopez-de-Silanes, Shleifer, A., and Vishny R. Trust in Large Organization [J]. American Economic Review, 1997, 87 (2): 333-338.

[46] Leuz, C., Oberhoizer-Gee F. Political Relationships, Global Financing, and Corporate Transparency: Evidence from Indonesia [J]. Journal of Financial Economics, 2006, 81: 411-439.

[47] Li, H., L. Meng, Q. Wang, and L. Zhou. Political Connections, Financing and Firm Performance: Evidence from Chinese Private Firms [J]. Journal of Development Economics, 2008, 87: 283-299.

[48] Li, H., L. Meng, and J. Zhang. Why Do Entrepreneurs Enters Politics? Evidence from China [J]. Economic Inquiry, 2006, 44: 559-578.

[49] Lu Y. Managerial Decision Marketing in Chinese Enterprises [M]. London: Mcmillan, 1996.

[50] Maslow, A.H. A Theory of Human Motivation [J]. Psychological Review, 1943, 50: 370-396.

[51] Menozz, I, A. M. G. Urtiaga, and D. Vannon. Board Composition, Political Connections and Performance in State-Owned Enterprises. University of Eastern Piedmont (Italy), Working Paper, 2010.

[52] Mobarak, A. M. and D. P. Purbasari. Corrupt Protection for Sale to Firms: Evidence from Indonesia. University of Colorado at Boulder, Working Paper, 2006.

[53] Morten, Bennedsen. Political Ownership [J]. Journal of Public Economics, 2000, 76 (5): 559-581.

[54] Narjess Boubakri, Jean-Claude Cosset and Walid Saffar.Political Connections of Newly Privatized Firms.Working Paper, 2006.

[55] Niessen, Alexandra, and Stefan Ruenzi. Political Connectedness and Firm Performance: Evidence from Germ any [J]. German Economic Review, 2010, 11 (4): 441- 464.

[56] Nonaka Ikujiro, and Noburo Konno. The Concept of "Ba": Building a Foundation for Knowledge Creation [J]. California Management Review, 1998, 40 (3): 40-54.

[57] P. Bunkanwanicha and Wiwattanakantang. Big Business Owners and Politics: Investigating the Economic Incentives of Holding Top Office [J]. Review of Financial Studies, 2006, 22 (6): 2133-2168.

[58] Park, S.H. and Luo Y., Guanxi and Organizational Dynamics: Organizational Networing in Chinese Firms [J]. Strategic Management Journal, 2007, 22: 455-477.

[59] Pei, M. Does Legal Reform Protect Economic Transactions? Commercial Disputes China [M]. University of Michigan Press, 2001.

[60] Petersen M. A. Estimating Standard Errors in Finance Panel Data Sets:

Comparing Approaches [J]. Review of Financial Studies, 2009, 22 (1): 435–480.

[61] Putnam, R. Marking Democracy Work Civic Traditions in Modern Italy [M] . Princeton: Princeton University Press, 1994.

[62] R. Buderi, G. T. Hnang. Guanxi (the Art of Relationships) : Microsoft, China, and Bill Gates's Plan to Win the Road Ahead [M] . New York: Simon & Schuster, 2006.

[63] Rajan R. and L. Zingales. Financial Dependence and Growth [J]. American Economic Review, 1998, 88: 559–586.

[64] Roberts, B. A Dead Senator Tells No Lies: Seniority and the Distribution of Federal Benefits [J]. American Journal of Political Science, 1990, 34 (1): 31– 58.

[65] Sabel, C. F. and J. Zeitlin. Neither Modularity nor Relational Contracting: Interfirm Collaboration in the New Economy [J]. Enterprise and Society, 2004, 5 (3): 388–403.

[66] Shleifer A., and R. Vishny. Politicians and Firms [J]. Quarterly Journal of Economics, 1994, 109: 995–1025.

[67] Wahab, E. A., M. Zain, and A. Rahman. Political Connections: A Threat to Auditor Independence? Malaysia Sains University, Working Paper, 2010.

[68] Wahab, E. A., M. Zain, and K. James. Institutional Investors, Political Connection and Audit Quality in Malaysia [J]. Accounting Research Journal, 2009, 22 (2): 167–195.

[69] Wong, S. H. W. Political Connections and Firm Performance: The Case of Hong Kong [J]. Journal of East Asian Studies, 2010, 10: 275– 313.

[70] Xin, Pearce K. J. Guanxi: Connections as Substitute for Formal Institutional Support [J]. Academy of Management Journal, 1996, 39: 1641–1658.

[71] Xu, Haoping, and Jian, Zhou. The Value of Political Connections: Chinese Evidence. SSRN Working Paper, 2008.

[72] Xu, N. X. Xu, and Q. Yuan. Political Connection, Financing Frictions, and Corporate Investment: Evidence from Chinese Listed Family Firms. Chinese Renmin University, Working Paper, 2010.

[73] Yeh, Y. H. P. G. Shu, and Y. H. Su. Political Connection, Corporate Governance and Preferential Bank Loan. Fu Jen Catholic University, Working Paper, 2010.

[74] Zheng, Y. Bank Lending Incentives and Firm Investment Decisions in China. Working Paper, Chinese University of Hong Kong, 2008.

[75] 2011 年中国上市公司百强治理评价报告 [J]. 中国内部审计，2011 (8): 16-25.

[76] 爱德华格拉泽. 社会资本的投资及其收益 [J]. 罗建辉译. 经济社会体制比较，2003 (2): 35-42.

[77] 白重恩，路江涌，陶志刚. 中国私营企业银行贷款的经验研究 [J]. 经济学季刊，2005 (4): 102-110.

[78] 边燕杰，丘海雄. 企业的社会资本及其功效 [J]. 中国社会科学，2000 (2): 87-99.

[79] 陈冬华. 地方政府，公司治理与补贴收入：来自我国证券市场的经验证据 [J]. 财经研究，2003 (9): 15-21.

[80] 陈佳贵，郭朝先. 构筑我国小企业金融支持体系的思考 [J]. 财贸经济，1999 (5): 16-20.

[81] 戴亦一，张俊生. 社会资本与企业债务融资 [J]. 中国工业经济，2009 (8): 99-108.

[82] 当前民营企业发展面临的困难——2011 年千户民营企业跟踪调查报告 [J]. 经济界，2011 (6): 82-94.

[83] 邓建平，曾勇. 金融关联能否缓解民营企业的融资约束 [J]. 金融研究，2011 (8): 78-92.

[84] 邓新明. 我国民营企业政治关联、多元化战略与公司绩效 [J]. 南开管理评论，2011 (14)：4-15.

[85] 樊纲，王小鲁，朱恒鹏. 中国市场化指数：各地区市场化相对进程 2007 年度报告 [M]. 北京：经济科学出版社，2007.

[86] 樊纲等. 中国市场化指数——各地区市场化相对进程 2006 年度报告 [M]. 北京：经济科学出版社，2007.

[87] 郭士僩，宁艳丽. 地方政府行为与民营企业发展的关系研究：一个动态博弈分析 [J]. 求索，2011 (4)：60-62.

[88] 何镜清，李善民，周小春. 民营企业家的政治关联、贷款融资与公司价值 [J]. 财经科学，2013 (1)：83-91.

[89] 胡旭阳，史晋川. 民营企业的政治资源与民营企业多元化投资：以中国民营企业 500 强为例 [J]. 中国工业经济，2008 (4)：5-14.

[90] 胡旭阳. 民营企业家的政治身份与民营企业的融资便利：以浙江省民营百强企业为例 [J]. 管理世界，2006 (5)：107-113.

[91] 黄江泉，蔡根女. 对企业物质激励的理性思考 [J]. 财会月刊，2009 (2)：22-23.

[92] 江伟，李斌. 制度环境、国有产权与银行差别贷款 [J]. 金融研究，2006 (11)：116-126.

[93] 姜付秀，刘志彪，陆正飞. 多元化经营、企业价值与收益波动研究 [J]. 财经问题研究，2006 (11)：27-35.

[94] 黎凯，叶建芳，财政分权下政府干预对债务融资的影响 [J]. 管理世界，2007 (8)：23-34.

[95] 李涛. 混合所有制公司中的国有股权——论国有股减持的理论基础 [J]. 经济研究，2002 (8)：19-27.

[96] 李维安，邱艾超，阎大颖. 企业政治关系研究脉络梳理与未来展望 [J]. 外国经济与管理，2010 (5)：48-55.

[97] 林毅夫，李永军. 中小金融机构发展与中小企业融资 [J]. 经济研究，2001 (1)：10–18.

[98] 林毅夫，李志赟. 中国的国有企业与金融体制改革 [J]. 经济学季刊，2005 (3)：913–936.

[99] 卢峰，姚洋. 金融压抑下的法治、金融发展和经济增长 [J]. 中国社会科学，2004 (1)：42–56.

[100] 陆铭，李爽. 社会资本、非正式制度与经济发展 [J]. 管理世界，2008 (9)：161–165.

[101] 陆正飞，辛宇. 上市公司资本结构主要影响因素之实证研究 [J]. 会计研究，1998 (8)：34–37.

[102] 罗党论，黄琼宇. 民营企业的政治关系与企业价值 [J]. 管理科学，2008 (6)：21–28.

[103] 罗党论，唐清泉. 市场环境、政治关系与企业资源配置：基于中国民营上市公司的经验证据 [M]. 北京：经济管理出版社，2007.

[104] 罗党论，唐清泉. 政治关系、社会资本与政策资源获取：来自中国民营上市公司的经验证据 [J]. 世界经济，2009 (7)：84–96.

[105] 罗党论，唐清泉. 中国民营上市公司制度环境与绩效问题研究 [J]. 经济研究，2009 (2)：106–118.

[106] 罗党论，甄丽明. 民营控制、政治关系与企业融资约束：基于中国民营上市公司的经验证据 [J]. 金融研究，2008 (12)：164–178.

[107] 潘洪波，夏新平，余明贵. 政府干预、政治关联与地方国有企业并购 [J]. 经济研究，2008 (4)：41–52.

[108] 潘克勤. 法制环境及金融发展、企业的金融机构背景与融资约束：中国民营上市公司的经验证据 [J]. 经济经纬，2011 (1)：68–73.

[109] 潘越，戴亦一，超鹏，刘建亮. 社会资本、政治关系与公司投资决策 [J]. 经济研究，2009 (11)：82–94.

[110] 世界银行. 中国政府治理、投资环境与和谐社会：中国 120 个城市竞争力的提高 [R]. 2006.

[111] 宋德舜. 国有控股、最高决策者激励与公司绩效 [J]. 中国工业经济，2004，3 (3)：91–98.

[112] 宋增基，郭桂玺，张宗益. 公司经营者物质报酬、政治激励与经营绩效 [J]. 当代经济科学，2011，33 (4)：99–104.

[113] 孙早，鲁政委. 从政府到企业：关于中国民营企业研究文献的综述 [J]. 经济研究，2003 (4)：79–87，94.

[114] 孙铮，刘凤委，李增泉. 市场化程度、政府干预与企业债务期限结构 [J]. 经济研究，2005 (5)：53–63.

[115] 孙铮，李增泉，王景斌. 所有权性质、会计信息与债务契约 [J]. 管理世界，2006 (10)：100–107.

[116] 汪伟，史晋川. 进入壁垒与民营企业的成长：吉利集团案例研究 [J]. 管理世界，2005 (7)：95–108.

[117] 卫武. 中国环境下企业政治资源、政治策略和政治绩效及其关系研究 [J]. 管理世界，2006 (2)：95–109.

[118] 魏刚. 独立董事背景与公司经营绩效 [J]. 经济研究，2007 (3)：92–156.

[119] 巫景飞，何大军，林日韦，王云. 高层管理者政治网络与企业多元化战略：社会资本视角——基于我国上市公司面板数据的实证分析 [J]. 管理世界，2008 (8)：107–118.

[120] 吴敬琏. 民营经济发展要有新思路 [N]. 北京日报，2003–12–14.

[121] 吴文锋，吴冲锋，刘晓薇. 中国民营上市公司高管的政府背景与公司价值 [J]. 经济研究，2008 (7)：130–141.

[122] 夏立军，陈信元. 市场化进程，国企改革策略与公司治理结构的内生决定 [J]. 经济研究，2007 (7)：82–95.

[123] 杨毅. 中小企业融资中银行贷款的可获性：主要影响因素与地区差异

[J]. 大连理工学报，2009（2）：46-51.

[124] 于蔚，汪淼军，金祥荣. 政治关联和融资约束：信息效应与资源效应[J]. 经济研究，2012（9）：125-139.

[125] 余明桂，潘红波. 政治关系、制度环境与民营企业银行贷款 [J]. 管理世界，2008（8）：9-21.

[126] 张敦力，李春儿. 货币政策、金融关联与民营企业信贷融资 （上）[J]. 财政监督，2013 （26）：17-22.

[127] 张建君，张志学. 中国民营企业家的政治战略 [J]. 管理世界，2005（7）：94-106.

[128] 张培尧. 论国有股权的基本属性 [J]. 天津商业大学学报，2012（1）：63-67.

[129] 张文宏. 社会资本：理论争辩与经验研究 [J]. 社会学研究，2003（4）：23-35.

[130] 张祥建，郭岚. 政治关联的机理、渠道与策略：基于中国民营企业的研究 [J]. 财贸经济，2010（9）：99-104.

[131] 张兆国，曾牧，刘永丽. 政治关系、债务融资与企业投资行为：来自我国上市公司的经验研究 [J]. 中国软科学，2011（5）：106-121.

[132] 赵峰，马光明. 政治关联研究脉络述评与展望 [J]. 经济评论，2011（3）：151-160.

[133] 周林彬，李胜兰. 我国民营企业产权法律保护思路刍议 [J]. 制度经济学研究，2003（6）：56-72.